風の歌

パイプ・オルガンと私

辻　宏

▲西南学院大学礼拝堂　福岡市、一九八七年、辻オルガンOP—44
◀岐阜県美術館　岐阜市、一九八四年、辻オルガンOP—37
(両オルガンの詳細な説明は本書二六二頁参照)

▶ピストイアのスピリト・サント教会　イタリア、一六六四年、ウィレム・ヘルマンス建造
▲リュベックの聖ヤコビ教会　ドイツ、一四〇〇年頃、建造家不詳、一六三六年、F・シュテルヴァーゲン改造と拡大

目次

I

Ⅱ

装丁　熊谷博人

風の歌——パイプ・オルガンと私

I

オルガンとの出会い

私がリード・オルガンを母に習って弾き始めたのは小学生の頃で、教会で弾くようになったのは、ずっと後の高校生になってからである。

小学生でオルガンを弾き始めたのは、いろいろあった趣味の一つとしてである。当時は自転車に乗って遠くまで行ったり、友達と将棋をしたり、模型の電気機関車や飛行機を作ったりして、とても忙しかったものである。

中学生になったのは、戦後間もない頃で、レコードなどはあまり手に入らない時代であったが、A・シュヴァイツァーの弾いているバッハの小フーガ・ト短調のSPのレコードを手に入れることができ、手回しの蓄音器で聴いたのが、パイプ・オルガンの音に最初にふれた時だった。

ただ気ままにリード・オルガンを弾いているのを母が見ていて、少しきちっと教わってみてはと言い、高校生の頃、週に一度信濃町のキリスト教音楽学校へ通うようになった。そこで東京芸術大学を出られた木岡梅子先生について、習い始めた。学校を休んでもレッスンへは出かけていった。

リード・オルガンは、鍵盤を押してから、何分の一秒かという単位で音が遅れ、しかもあいまいな発音の楽器だが、それでもふいごの踏み方とか、鍵盤を素早く押すということで、ハンディをいくらかカバーすることができる、またそういうものを利用して、言ってみれば、あいまいな効果を出すというようなことを一所懸命自分なりに考えながら弾いていた。

音の発生と鍵盤のタッチとの関係がいつも気になっていたし、それが鍵盤楽器を弾く時に非常に重要なポイントではないかと子供なりに思っていた。ただ非常に音が鈍いし、小さいし、表現の可能性がとても狭いということと、それから弾いている本人は一所懸命だからいいが、側から聴くと、哀れな音のする楽器であるということはしようがなかった。もともとパイプ・オルガンの代用品として生まれてきた手軽な家庭用の楽器だから、やむを得なかった。そういうことをやりながら、本物のオルガンとはこんなものではないと思っていたし、また本物のオルガンに対する憧れが、大きくなっていったのだと思う。

長身の情熱家

キリスト教音楽学校に三年間通って卒業する時に木岡梅子先生から、先生の兄上の木岡英三郎先生に習ってはと勧められて、お宅へ通うようになった。木岡英三郎先生は、オルガンに対する大変な情熱の持ち主で、背が高く日本人離れした面立ちのなかなかの美男子であり、当時すでに高齢だったが、二十代の青年のように話をされた。フランクの音楽については、今そこでフランク先生に会って来たように話すし、アメリカのオルガニストたちがどのように勉強し、また礼拝で弾いているかということを、口からつばきをとばしながら、両手を振りあげて語る人だった。

またアメリカの中古オルガンの部品をかき集めてきて、それを組み立てて鳴らそうと、夏の暑い時に、汗をたらしながらハンダごてやドライバーを持って夢中になって取り組む人だった。あふれるような活気のある人で、私はとても大きな影響を受けた。言ってみれば、私の一生に決定的なものを植えつけられた英三郎先生だったが、実は私は先生についてオルガンを習っていたのは、ほんの数か月のことだった。先生のところでレッスンを受けたり、先生の古いオルガンの部品を寄せ集めて作った電気アクションの楽器の組立て、修理、調律を手伝ったりして、数か月がたった頃、先生から「オルガニストとしてきちんと勉強してみないか」と言われた。

当時、私は高校を出て、まだ何をしてよいか分からずに浪人をしていた身だったし、趣味としてやっていたオルガンを、専門の音楽家としてやってみないかと言われ、本当に驚いた。同時にのぼせあがってしまい、この大先生が言うのだから、自分もまんざらではないのでは、と考え出し、一週間後のレッスンの時に、先生に会うなり、「芸大に行きます」と言ってしまった。すると先生は「そうか芸大に行きたいのか、それなら好きな道を進め。私はアメリカなり外国へ進むような別のことを考えていたが、そういうことなら私のところで学ぶより、秋元道雄という人がいるから、そこへ行きなさい」と言われた。それで秋元先生のところへ行き、芸大の入学の準備をするようになった。

後でよく考えてみると、これは英三郎先生のところを破門になったということだったようである。わずか数か月という短期間ではあったが、極めて密度の濃いオルガンに対する感化を、いろいろな形で先生から受けたのである。

ピカソという画家は、とてもエネルギッシュで精神的に若々しい人だったというが、英三郎先生は正にそういう方だったので、先生のように自分も進んでいこうと自然に思ったのである。

一九五〇年代の日本のオルガン事情

パイプ・オルガンとの出会いは、私の青山学院高等部の時代である。青山学院大学神学部の礼拝堂にオルガンがあった。ここは高等部の学生が出入りするところではなかったが、合唱練習が時々あり、また学校には奥田耕天先生がおられ、何回かリサイタルを開かれ、それを聴きに行ったりした。ここはそんなに大きな礼拝堂ではないし天井も高くはないが、暗くてステンド・グラスがあり、蔦がからまっていた。ほとんど見えない所にオルガンがあって、そこからもっぱら低音ばかりが鳴るような、地の底から湧き出るような、神秘的な感じだった。リード・オルガンとは比べものにならない豊かさを感じた。初めて聴いた楽器だったのでこれがオルガンか、という気持ちもあったが、不思議な感じだった。

私が大学へ入学した頃は、芸大には、二台のオルガンがあったが、奏楽堂にあった一台はほとんど壊れていて、音の出るところと出ないところがあり弾けない状態だった。このオルガンを、上級生たちといっしょに中に潜って直したり、夏休みなどは私一人で泊りこんで見様見真似で直したりして、なんとか弾けるようにしたものである。

この楽器はおよそ一〇〇年前にイギリスで造られたオルガンで、これを徳川頼貞《よりさだ》侯がイギリスから買ってきて、その後芸大に寄贈されたというもので、最近の調査では、徳川氏が発注した時に注文を受けたオルガン・ビルダー（建造者）が、使われなくなっていた古いオルガンを捜してきて、それをもとに改造して日本へ送ったらしいのである（今は奏楽堂移転にともない解体され修復作業が行なわれた）。とにかくこの故障はメカニカルなもので、目で追っていって直せる範囲であったから、オルガンの中に潜っていって直してみたのである。

もう一台のオルガンは、昭和の始めに日本楽器がドイツのオルガン部品メーカーから主な部品を取り寄せて組み立てた楽器だった。この方が少しは調子がよかったが、それでも音の出ない鍵《キ》盤《イ》を直してもすぐまた鳴らなくなるという状態だった。音は奏楽堂の楽器に比べると、大きかったが、音楽的魅力のない楽器だった。また構造的に調律がほとんどできないような、調律してもすぐ狂うというような有様で、この楽器を弾くのはひたすら苦痛だった。このような楽器を弾きながらも、まだ行ったことのないヨーロッパの天井の高い会堂の中で響くオルガンの音をいつも想像していたものである。たぶん鍵盤を押した時に、今聞こえるような音が絶対に聞こえてこないで、バッハのような偉大な作曲家をわくわくさせたような音が鳴るのだろうと想像しながら練習していた。

奏楽堂にあった英国製の楽器は弾いた時に音がかなり遅れて出てくるという楽器だったが、その音はとても気持ちが良かった。当時の日本にあるパイプ・オルガンは、数も少なく状態も大同小異このような楽器だった。それは、組み立てた時には、外国から技師がきて調律・調整したのであるが、その後、組立てを手伝ったピアノの調律師や音楽学生らが、見様見真似で保守（メインテナンス）をしていたという環境だったからやむを得なかった。専門家がいなかったこと、例えばパイプを調律するときパイプに絶対に手で触れないという、ごく初歩的なことですら知らない人たちが調律していたのである。皆が努力はしていたのだが、そのような基本的な知識がなかったのであるから結果は惨憺たるものだった。

私がオルガン造りの道へ進むようになったきっかけの一つは、ここにあるのかもしれない。たまたま学校のオルガンがそのような状態で、先生や学生が必要に応じて修理や調律をしていたし、私も数少ない男子学生の一人で、一緒にそれを手伝っているうちにだんだんおもしろくなっていったのは確かだった。もともと小さい時から工作、特にメカニカルなものに魅かれ、時計を分解してしまったり、中学生の頃は工作部に入っていていろいろな工作をやっていたことも、背景にあった。オルガニストとして勉強する人は当時芸大には四学年合わせて一〇人近くいたが、オルガンの技術者になろうという人は一人もいなかったので、これをやってみようと思ったのである。それは芸大の一、二年の頃だったが、ともかく四年間演奏の勉強をしてからでも遅くはないのではないかと先生からも言われて、オルガンの練習を続けた。

楽器を造り調整するという時、その楽器がどのように使われるから、どのように作らなければならないかということを知る上にも、演奏法を勉強したことはとても大切なことだった。ともかく目の前にある楽器は一応オルガンという名前がついていたが、本当はオルガンとはこんな楽器ではないのだということを初めの頃から思っていた。

なぜそう思い続けていたかというと、当時私が持ち続けていた漠としたオルガンへのイメージというものは、それまで接してきた音楽から来ていたからである。バッハの書いた、オルガン曲ばかりでなく他の器楽曲や受難曲等を学んだり、演奏会で聴いたり、また合唱で歌ったりすることを通して、そのような音楽のレベルが極めて高く深いものであることを体験していた。

それらの音楽に比べて、目の前にある楽器がとてもそんな高度な奥深いレベルにあるとは感じられなかった。バッハという一人の偉大な作曲家が、生涯を通して書き続けたオルガン曲が存在するためには、そこにきっと、その作曲家に何かを与え続ける魅力を持った楽器があったに違いない。それを私自身も確かめてみたいと思い続けていたのである。

新しくないアメリカへ渡る

大学卒業後、音楽の教師をしばらくしてから、機会があってアメリカへオルガン造りの勉強に出かけることになった。日本で西洋音楽といって聴いているのは主にロマン派以後の作品で、これは一〇〇年かそこらのものである。ところがアメリカが建国されてから二〇〇年なのだから、アメリカという国は日本でいう西洋音楽の中では決して新しくはないが、むしろそのもとはヨーロッパであり、西洋の続きと言える。

日本は鎖国を解いてから一〇〇年で、西洋音楽にとっては、全く新しい土壌であるし、その前の日本は西洋とは違う伝統が存在していたから、むしろ日本こそ新しい国である。このような意味でアメリカは決して新しくないし、日本からみれば西洋の一部とも言える。アメリカでオルガン建造がアメリカ人の手によって始まってからもうすでに二〇〇年は経っている。バッハの生きていた頃は、もうアメリカ大陸は発見されていたから、ひょっとしたらバッハもアメリカへ行く可能性があったほどなのである。そういうわけで私はアメリカへ渡るのに大きな疑問は感じていなかった。

アメリカで最初にオルガンを聴いたのは、カルフォルニア大学のバークレイ・キャンパスだった。この大学のホールに、その頃アメリカですぐれた仕事をしていたホルトケンプが造った三段鍵盤のオルガンがあった。このオルガンはいろいろな意味で驚きの連続だった。アメリカへ船で渡ってカルフォルニアに上陸し一週間ほどそこに滞在したのだが、この楽器をどうしても見たくて、夏休みではあったが大学へ出かけて行き、事務所を訪ねた。係の人に「オルガンを見に来たのか。それなら、向こうから歩いてくる人が、オルガン科のモー教授だからあの人に聞くといい」と教えられた。振り返ると、長身の紳士が歩いてきた。私はその人のところに行き「日本から来て、オルガンの勉強をして……」と慣れない英語でしゃべり始めた。するとモー教授は「あー、あのオルガンを見たいんだろう」と言い、鍵をポンと手渡して言った。「私は今練習を終えて帰ってきたところだ。もう後はあいてるから、行って好きなだけ弾いていいよ。ただ最後に電源を切ることと、鍵を守衛に渡すことだけ守ってくれ。」

東洋のはてから来た英語の下手な青年に鍵を渡し、モー教授は去っていった。私は驚き、アメリカ人のおおらかさを身をもって味わわされた。オルガンを見たいという人にその鍵を渡して、弾かせてやるというのはごく当然なことなのだが、何千万円という高価な楽器であり、学校の器具でもあり、責任も伴うのに、初対面の人間に鍵を渡すということをこともなげに行なった。これには本当に度肝を抜かれて、アメリカという国の一面を見た思いがした。

このオルガンそのものも、東洋の果てから来た若者にとっては驚きだった。大きなホールに響いていくし、規模も大きい。どの鍵盤もきちんと音が出、調律は正確だし、発音ももたもたしたところがない。私はうれしくなり、芸大で習ったバッハの曲を一人で大きな音で弾いていた。一時間か二時間はあっという間に過ぎた。しかし、どうも印象が薄く、もうひとつピンとこない。オルガンは何の問題もなく鳴ってはいるが、いいオルガンを弾いたという満足感が湧いてこないのである。弾き手が下手だったせいかもしれないが、ワーワーとよく鳴り、空っぽの会堂に響いていってそれでおしまい、というのが、そのオルガンの最終的な印象だった。

最近になってそのオルガンのレコードを手に入れ聴く機会があったが、あの当時、一九五〇年代の楽器としては、ドイツのオルガンなどを含めて考えてみると、なかなかのレベルだと思った。当時のドイツのオルガンは、一時代前より良くなってきたとはいうものの、今からみると、音が鋭すぎることや、笛の発音を生き生きとしたいために、かえって荒々しさが強調されすぎたり、という欠点をいくつか持っていたからである。それに比べてこのホルトケンプのオルガンは、もう少し洗練された音がしていた。しかしながらその時に感じたほとんど直感的なことは、やはり間違ってはいなかったのである。

そのオルガンとの出会いから始めてアメリカに滞在した三年間、オルガンの演奏会と聞けば、車に乗ってどこへでも飛んで行って聴いたものだった。私のいたバッファローを中心にその近くのオルガンはほとんど聴いて歩いた。そんな中でこれはと思うオルガンに二つほど出会った。その一台は私のいたバッファローの教会にあった十九世紀アメリカで造られたオルガンであり、もう一台はボストンの美術館にあったフレントロープの楽器だった。私のいたシュリッカーという会社で、その会社のある町の、約一〇〇年程前に造られた古いオルガンを改造したことがあり、その作業を教会の中で手伝ったことがあった。改造して新しい笛を増やしたり、電気アクションに直したり、今から思えばよくないこともしてしまっていたのだが、手を加えたところと、古い笛やアクションや古いふいごがそのまま残っているところもあった。このオルガンの音がアメリカで一番思い出に残っている。楽器の発音はいくらか単調になったわけだが、古い笛の音自体はとても良いものである。

オランダのオルガン・ビルダーのフレントロープが作った楽器（三段鍵盤）は、E・パワー・ビッグスというオルガニストが自分で買ってボストンの美術館に置いてあったが、響きのよいホールでとても新鮮な音だった。この楽器はその頃のヨーロッパのオルガン造りの新しい流れの一つで、バロック・オルガンの研究から生まれたネオ・バロック・オルガンと呼ばれるタイプのものである。

一九三〇年代にそれまでの電気アクション方式のオルガン造りに、いくらか見直しが起こり、バロック・オルガンが研究され見直されたのである。その結果、バロック・オルガンの特徴のいくつかを新しい技術で取り入れて造っていった一つの波が一九五〇年代に一つのピークを迎えたのである。今のオルガン建造の一つの方向がここからきている。

日本にいた時に比べると、アメリカでは、いろいろなタイプの楽器があるし、手入れもよくいきとどいてはいたが、これこそ本当のオルガンだというような強烈な印象のオルガンには出会わなかった。

自分の思いとぴったり合った楽器に出会わなかったということではなくて、例えば非常にすばらしい小説を読んだ時や美しい人に会った時というのは、理屈抜きで圧倒的な感動を受ける。あるいは日本での場合、尺八の音を聴くと、一つの音が凄いと感じることがある。鳴り出してそれがずっと響いていく、一本の笛から出てくるその息をのむようなその音色の美しさと、その音色が変化していくなんとも言えない陰影の変化を聴いた時に抱く感動があるが、そういう種類の感動は受けなかったということなのである。

これはどういうことであろうか。作曲家がいろいろな作品を聴いた時に、どのように思うのだろうか。その作曲家がベートーヴェンをとても尊敬していたら、ベートーヴェンのような音楽のレベルに到達したいと、あるいはそれを乗り越えたいと思って作曲するかもしれない。しかし、その他のいろいろな作品を聴くと、一所懸命やっているがこうではないんだな、という感じがするのではないだろうか。

オルガンが鳴ると、そう悪い音ではない、でも、ここでも聞かれる、あそこでも聞かれる、雑音ではないが、要するに「音」だなと思うだけで、大して難点はないが、身震いするほど美しくはない、ごく普通の音が鳴る笛が何百本、何千本とあって、ごく当り前の音がたくさん出てくるというオルガン。音程も間違ってなければ、音量も大き過ぎたり、小さ過ぎたりしないが、そこに何か一つ、人を揺さぶるような美しさに欠ける。本当に背筋がぞくぞくするような美しさが音になければ、一人の偉大な芸術家が一生を賭けてその作品を書き続けるようなことが起きないのではないか。だから、そういう凄い音を聴くまでは、これこそが真のオルガンだとは思わないぞ、と思っていたのである。

見習い時代

私のオルガン建造についての考えは日本を出る前と今では全く違っている。オルガンにはパイプがたくさんあって、鍵盤を弾くと弁が開き、その目的とする笛にふいごが風を送る。言ってみれば鍵盤はスイッチのような役割をしている。そして笛というのは見えない風が流れた時に音を出す。笛の各部分のわずか何十分の一ミリというような寸法の差で笛の発声の仕方が変わったり、音色が変化したりする。この部分は専門的な名人芸の存在する領域だろうと思っていた。

しかし他の構造部分、例えば弁はてこの原理で開くというからくりだが、これは目に見えることだし、ある量の風が流れるように作りさえすればいいのだから、その部分についてはどうしても外国に行って先輩に習わねばいけないということはないのではないか。ただ笛の製作や笛の調整に関しては、特殊技能が必要だろうから、学びとりたいと考えていたのである。このように考えたのは私ばかりでなく、おそらく大部分の欧米や日本のオルガニストたちも考えているに違いない。しかしこの考えには、大きな誤まりが含まれているのである。

最初にそのような浅い考えを持っていたので、アメリカで勉強している間も、早く習いたいと思っていた笛のヴォイシング（整音作業）について初めて習うようになった時は、とてもうれしく思った。初めの二年間はほとんど見習いとして、部品作りの手伝いや調律の時の鍵盤押しのような単純作業だったが、三年目から小型のオルガンの組立てを現場でやったり、仕事場での笛の整音をし始めた。

シュリッカーという会社は三〇人くらいの中規模の会社で各セクションごとに責任者がいた。演奏台を造る所、ケースを作る所、メタル・パイプの仕事場にそれぞれ主任がいて、その下に助手や私たちのような見習いがつき、各セクションを四、五人で受け持っていて、常時四、五台のオルガンを造っていた。シュリッカー氏はドイツ出身のアメリカ人で、ドイツで見習いから始め一九三〇年代の大恐慌の後、ガラージを借りて三、四人で自分の仕事を始めた人だった。ここではある程度分業化し、シュリッカー氏が契約を取ってきて基本的なアイディアを出すが、実際には、全体の設計をする人や、笛の寸法を決める人、セールス・マネージャーとしてオルガニストがいてディスポジション決定（オルガンの音響設計）などをしていた。つまり社長が経営者で最終決定権を持っているが、ある程度グループに分かれていて実際の仕事をしていたのである。

牧場に囲まれたオランダへ

アメリカで三年間勉強したあと、さらにオルガン造りの修業のためにオランダに渡り、フレントロープ社に入った。フレントロープ社を選んだ理由は、ボストンにあった同社の楽器を知っていたこともあるが、当時評判になっていたフレントロープのオルガン造りを見てみたいと思ったからである。またアメリカのシュリッカーではトラッカー・アクションを少しは造っていたが、電気アクションが中心だったので、トラッカー・オルガンの製作についてもう少し勉強したいと考えた。特にウィンド・チェストの製法を実地に学びたかったからである。

メカニカルな構造を持ったオルガンが、アメリカにもないわけではなかった。古い楽器はそうだったし、シュリッカーでも少しずつ造り始めていたが、フレントロープではそういう楽器だけを造っていたのである。オルガンの他の部分も、アメリカのシュリッカーに比べると、もっとクラシックな造りをしているし、オルガンの音も違った響きがしていた。

オランダで住んだウェストザーンという町は、周囲が全部牧場で、牛がたくさんいる小さな町だった。私が住み始めてまもなく、そこの町の小さな教会でオルガンの演奏会がありを訪ねてみた。秋の演奏会のシリーズの第一回目だった。演奏会が終わったあと、私はオルガニストのところへ行き、オルガンを弾かせてもらった。二段鍵盤の小型の田舎のオルガンで、ちょうど一〇〇年経ったものだった。しばらく弾いて話をしていたら、四回シリーズの最後に五回目をつけ加えるから弾いてみないかと言われた。

そのため、毎晩のように練習に通うことになった。このオルガンは、ともかく楽しく良い音で、音に味があるというか、いくら弾いても飽きがこなかった。今まで体験してきた楽器とは違う個性を持っていて、例えばトランペットというストップ（音栓）があるが、これがけたたましく大きなラッパという感じで鳴る。また、コルネやセスキャルテラというストップ、これはどちらかと言うとソロ・ストップなのだが、それが私が今まで聞いていた、少し上品でおとなしいものと違って、思いっきり鳴り響くような、それでいて音に荒さがない、田舎風だが洗練されている。また鉛で造った閉管のホール・パイプというストップは深く重く暗い音で響く。これはドイツ、オランダのバロック・オルガンの特徴

ウェストザーンの教会堂内部　オランダ，19世紀

の一つなのである。このオルガンは鍵盤が二段あり、第一鍵盤はバロック・オルガンのスタイルそのままで、第二鍵盤は十九世紀ロマン派的傾向を持つ、わずか十数個ストップの小型の楽器であったが、一つ一つのストップがそれぞれ個性を持っている。そんなに有名でない造り手による小さな楽器であったが、オルガンの良さというものを、実体験させてもらえた。

このオルガンの音は、アメリカで聴いた古いオルガンや、芸大にあったイギリスの古いオルガンとも共通したものを持っていた。十九世紀以前の楽器の持っている音の美しさは、飽きのこない魅力のある音で、自然食品のような音である。それに比べると、その後に出てきた楽器の音は、ちょっと聴いた時にはきらきらとしていて良いのだが、添加物がいっぱいで人工的な着色がされているというような感じがする。

音の魅力

オランダという国は非常に古い楽器を頑固なまでに守ってきた国なのだが、フレントロープ社はそのような古い楽器をたくさん修復したり、アフターケアーもしている。そのような仕事に一緒についていって調律の助手をしたり、仕事が終わった後、居残って教会でオルガンを弾かせてもらったりした。フレントロープ社の新しい楽器だけでなく、古いオルガンもずいぶん弾かせてもらった。その時点では、正直言ってどっちがどういう点で違うのかということがよく分からなかった。楽器は弾き方によって音が違うので、自分で弾いてみて音が良くないからといって、そのオルガンは悪いとは言えない。その楽器を十分に弾きこなすことができた上で比較するのでないといけない。その意味で、ウェストザーンの教会のオルガンは、毎晩よく弾きこんだので、楽器にもなじみ、理解することができた。

アルクマールにカスパー・シュニトガーの造った楽器があるが、そこへ調律へ行った時の印象は今でも強く残っている。三段鍵盤の大きなオルガンで、会堂も数千人は入る大きさである。オルガンの内部に入ってみるとカスパーが造った笛ばかりでなく、カスパー以前の、今から四〇〇年くらい前に作られた笛も混じっていて驚かされた。調律をしたり、中へ入って写真を撮ったり、長時間弾いてみたり、そういうことができたというだけでわくわくしたものである。

アルクマールの教会堂内部　オランダ，オルガン・ケース（1639―1645年），オルガン（1775年），フランス・カスパー・シュニトガー改造

オランダでは、仕事ばかりでな

く、日曜日の礼拝に出かけて様々なオルガンに出会った。オランダ人は全くオルガンが好きで、古いオルガンもなるべく改造しないようにしてきている。その点がドイツとは全く違うところで、ドイツの人たちはどんどん改造するので、ドイツには歴史的な意味で興味のある楽器は非常に少ない。大都市などお金のあるところにはほとんど古い楽器がそのままで残っていることはないと言って過言ではない。ところがオランダには古い楽器がたくさん残っていて、しかもオルガニストたちは、昔からの伝統で即興演奏をよくやる。専門のオルガニストばかりでなく、アマチュアの日曜オルガニストたちも即興演奏する。讃美歌はメロディーだけの楽譜で自由にハーモニーをつけて伴奏していくし、その日歌われる讃美歌をもとにしてファンタジー（幻想曲）を一曲即興演奏をして礼拝の始まりとする。献金の間もカノンやフーガを即興で弾くのである。その意味で、いろいろな教会の礼拝に日曜日ごとに出席するということも楽しみの一つであった。

オランダはオルガンも立派だが、古くて立派な教会堂が多く、そういう所は外国からも国内からも観光客が大勢やって来る。礼拝の時はそういう人たちが、礼拝中出入りしないように礼拝が始まると戸を閉めて、礼拝が終わるまでかんぬきをかけてしまう。教会堂だけ見物する人は、礼拝が始まる前に教会堂を出ないと、一時間か二時間閉じ込められてしまうことになる。また、私たちのようにオルガンを聴きたい者も、戸を閉める前に行かないと、入れなくなってしまう。

オルガンをどのように使って礼拝をしているかというと、おそらくドイツでも昔行なわれていたようなやり方がオランダでは今もなお残っている。オルガン演奏に注意していると分かるが、説教の間以外は、いろいろな儀式の進行係はオルガンなのである。オルガンが鳴り出すと歌い、鳴り止むと聖書が読まれ、また鳴り始めると皆で大きな声で歌い始める。日曜日毎に繰り返され、しかも何百年と繰り返されてきているので、皆それがよく分かっている。無駄な言葉が一切なくて音楽だけで流れていくのである。

オランダにはオランダ・フェスティヴァルというのがあり、その中の一つの部門にオルガン・フェスティヴァルがある。そこでは、オルガンの演奏会があり、講習会があり、コンクールがある。即興のコンクールがハーレムという所であるのだが、その即興コンクールのスタイルが前衛的で、大胆な不協和音を使ったり十二音的な技法を使ったりする。

そのような音楽祭が近づくと、教会のオルガニストたちも刺激を受け、礼拝の時そのような前衛的なものを弾いたりする。だから礼拝のオルガンを聴いていても、ニュース性というものが反映されていて興味深い。とにかく皆礼拝でよく歌う。オルガンが、教会の中でどのように使われ、生きているかを知ることは興味が尽きなかった。

アメリカ滞在中にも、オルガンの使われ方ということではいろいろと学ぶところがあった。私はプロテスタントの教会へ主に行ったが、讃美歌は、皆が歌う前に前奏として一回弾かれる。もちろん個人差はあるが、オルガニストは、ともかく「さあ歌いましょう」という感じで、皆が歌いたくなるような雰囲気で演奏する。ラジオの公開番組などで、司会者が出てきて皆を上手にリードしていくような、楽しく歌わせてしまう技術をオルガニストが持っているのである。

讃美歌を歌うところにくると、まずオルガニストがオルガンでわくわくするような音楽を作っていく。それで皆が自然に歌いたくなるのである。オルガンという楽器が教会の楽器として定着した一つの理由は楽器のこのような可能性にもあったのではないだろうか。プロテスタントでは、讃美歌をオルガン伴奏で歌うということは十八世紀頃から一般的になるのだが、オルガンが非常に有効に使えることが次第に分かってきたし、またオルガニストたちがそういう技術を獲得していったのである。それがアメリカではアメリカ的に行なわれているし、オランダではオランダのやり方で、古い形から現代的な奏法まで含めた形で生き生きと力をもっているわけである。教会オルガニストにとって（大部分のオルガニストが教会オルガニストだが）大事なことは、このように皆をひき込むようにオルガンを弾くことである。

プロテスタントの場合、讃美歌、コラールや詩篇歌や新しい讃美歌等を、オルガンによって人々の心を捉え、一つの歌にしていく、そういう能力がオルガンとオルガン演奏の伝統的な技術の中にあり、それがオルガンが教会の楽器として定着し、すたれずに現代まで生きている理由なのだと思う。カトリックの場合、今まで皆で歌うという伝統はなかったのだが、第二バチカン公会議の典礼改革以後皆で歌う方向へ少しずつ変わってきている。

オランダの礼拝の中で、あれ程自由闊達に即興演奏が行なわれているのは驚きだった。アメリカでも即興の上手な人もいたが、オランダのようにどの教会でもフルに即興演奏で皆が弾いているということはなかった。なぜ即興になるのかというと、讃美歌を歌う時、何百人何千人という会衆がメロディーを歌うのだが、その歌い方は、曲想やその前の説教の内容や季節の礼拝に応じた雰囲気にも左右され、一様ではない。そうすると人々の歌い方が違ってくる。オルガニストはそれに合わせて演奏する。人々が表現したいと思っていることを引き出す形で演奏するので、これは伴奏というよりむしろ協奏と言えると思う。

オルガニストと会衆が決まった讃美歌を演奏し歌っているようだが、毎回違っている。だからオルガニストが一人で自由に即興するのではなく、会衆の動きや雰囲気をつかんで、緊張感をもって行なう、ドラマティックなものだと思うのである。だからこそ「即興」の技術が必要になってくるのである。これは演奏会の即興とは少し違った意味を持っている。

コンサートでの即興は与えられたテーマを元にやるわけだが、言ってみるとサーカスかオリンピックのようで、あらゆる技術を示すオルガニストの余技のようなものである。コンサートだけ聴きに行く聴衆からみれば、それがオルガニストの重要な仕事のようにみえるが、教会での普段のオルガニストたちの様子をみていると、演奏会はあくまでも余技なのである。バッハが即興演奏の大家だったことは誰でも知っているとおりであるが、彼は、日曜日に礼拝でオルガンを弾いていた。その時は、自分が前に作曲した曲ももちろん弾いたのだろうが、そういう曲を弾く場はあまりなかったのである。ヨーロッパで礼拝に出てみて分かったが、前奏か後奏はきちんと作曲された曲を、ゆっくり弾く場面があるが、礼拝の中では即興でなければうまくいかないのである。讃美歌一つでも、歌っている人々の気分に合わせて弾いていくためには、書かれた楽譜を使っていたのではうまくいかないことが多い。だから、バッハのような人は当然礼拝の始めから終わりまで即興で弾いていたのだと思われる。礼拝の中の重要な部分は全部即興であり、その即興はオランダの例からみると、皆がよく知っている讃美歌をテーマにしているのである。だからバッハのオルガン作品というのは、書かれたものは全体のほんの一部で、書かれなかった膨大な即興があったと言われる。

現在、日本も含めて世界中の音楽学校でのオルガンの教え方というのは、書かれたものを弾くことに主眼があるわけであるが、そのために伝統的なオルガニストの技術とはちょっと違ったものになってきている。オランダでは、昔からの伝統がよく生き続けているから、そういう意味ではバランスがとれていると言える。このようにオランダへ行って初めてオルガンの使われ方で全く予期していなかったことに気づかされたのである。

古いオルガンの良さ

オルガン建造の修業を終えて日本へ戻ってきてからも、私はヨーロッパへ何度も良いオルガンを訪ねて旅行する機会を持った。そのきっかけは、日本へ帰ってきて、ある所でドイツから最近入った楽器の調律をする機会を持った時である。モーターをつけ、風を入れて音を出した時にその酷い音にショックを感じた。ただプーと音が出るだけという、実につまらない、生きていない音に情なく思ったのである。それから一、二年たって、数台の楽器を自分でも造ったあと、またこのオルガンを調律することになったが、その時、またショックをおぼえた。今度はそんなに酷い音に思えなかったからである。自分の理想というか、尺度がそこまで下がってきているのだというとに気づかされたのである。もちろん良い音には聞こえなかったのだが、びっくりするほどの悪い音にも聞こえなかった。これはいけない、やっぱり良い音に接していなければだめだと思い、再びヨーロッパへ出かける気になったのである。

この最初のオルガン旅行は、良いオルガンという定評のある楽器を中心とし、またその当時、最も良いオルガンを造っていると言われている人たちの工房も訪ねてみる計画を立てた。オランダ、ドイツ、フランスを中心に古い楽器や現代の楽器をも含めて訪ね、先入観を持たずにそれぞれの音を聴くことに努めた。やはり古いオルガンの音の良さは明らかであった。現代のオルガンでも興味深く弾けた楽器もあるし、とてもたまらないと思ったものもあった。それに対し古いオルガンは、本や人の批評で良いとされているものを中心に見たのだが、修復の関係などで関心しない部分もあったが酷い楽器はなかった。酷いというのはどういうことかというと、最初パリへいって、細いパイプがすだれのように林立した、ケースのない現代楽器を見たが、プレノにしても、ただわめいているだけという魅力の無いものだった。まるで練習もろくにしていないブラスバンドの一〇〇人も集めたという感じだった。それにくらべ二〇〇年ほど前のフレンチ・クラシックと呼ばれているオルガンでは、修復が下手でいくらか近代的な音になっているとはいうものの、響きの品位の点で全くちがった感じがしたのである。

ドイツの新しいオルガン（一九六〇、七〇年頃）はともかく高音がきつい。アルプ・シュニトガー（北ドイツ・バロックのオルガン建造の大家）の楽器は高い音が澄んでいて、きらきらと強く、同時に低音も強い。強い高音が高いピッチで鳴ってはいるが、すばらしい音色なのである。特に十九世紀のロマンティック・オルガンの高音の比較的弱い楽器を聴いていて、いきなりこれを聴くと、高音が極めて強いという印象がするのである。この印象だけを持ち帰って新しい楽器を造った時、高音の非常に強い楽器ができたのである。しかもこの高音は、シュニトガーのような洗練された美しい高音ではなかった。ロマンティック・オルガンを基準にして十七、十八世紀バロックの、例えばシュニトガーの楽器をみると、高音が目につくわけである。低音をしっかりしないで高音だけ強くする、これがバロックだという誤まった認識が生まれ、それが一つの流行となって、ドイツを中心としてネオ・バロック・オルガン造りが広まったのである。ともかくこのネオ・バロック・オルガンの激しい音には驚いて、こんなきつい音にはついていけない、まだフランスの方がいいという声が出てきた。

アメリカやオランダで勉強していた頃は、どうも古い楽器の方が音に味わいがあり、飽きがこないように思えた。比較的新しいのは、きらびやかだったり、一見魅かれるようなところがあっても、しばらく弾いていると飽きてしまう。なぜ古いオルガンの音が良いのか、いろいろな人に尋ねてみた。かなりの人は、楽器というのは弾けば弾く程良くなっていく、とまず言う。あるドイツのオルガン・ビルダーなどはもっと極端に「古くなったから良くなったのだ。我々の造っている楽器も、あと一〇〇年か二〇〇年経てばシュニトガーたちのものと同じように良く鳴るようになるさ」と気楽に自信ありげに言っていたが、これには私も驚いた。古いオルガンが良いということについては、A・シュヴァイツァーの本に、すでに彼が古いオルガンを掃除してまわっている、とあった。「それは古い良いオルガンが埋もれているからだ」といったのを読んで、少しは知識として知っていた。

最初アメリカへ出かけた頃は、笛を上手に造ってそれを上手に調整しさえすれば、オルガンの他のメカニズムは単純に、ただ風を送るか、止めるかするだけのもので大したことではない、というような単純な思い違いがあったので、古いオルガンが良い音がするといってもそれがよく分からなかったし、鳴らしているうちにだんだん良くなっていくというような言葉にも、なる程そういうものかとさえ思っていた。また古いのが良いということも、先入観のためではないかとも思っていた。しかしヨーロッパ中に点在する数多くの古いオルガンを見聴きするうちに、だんだんと実感として古いオルガンが持っている良さというものが分かりかけてきた。

フォーゲル氏との出会い

ハラルド・フォーゲル氏に出会ったのはそのような思いをいだいてするある旅の途中であった。一九七一年のことである。

この年、オルガンを訪ねて、イタリアからオーストリア、スイス、南ドイツ、フランス、そしてオランダと回って一番北に行ったところで、その地方のオルガンに詳しいオルガニストとして紹介されたフォーゲル氏が案内してくれることになった。その時、フォーゲル氏に同じ質問をしてみた。「どういうわけで古いオルガンの方が音がいいのでしょうか」と。すると彼は、にこにこ笑いながらいとも簡単に、「それは造り方が違うからだ」と答えた。私は驚いて、「しかしオルガン運動以来、ドイツから始まって古いオルガンを研究した現代のオルガン造りたちは、古いオルガンの造り方と同じ方法で造っていると思うけれど」と言うと「大体のところは同じようにやっているが、詳しくみると一つ一つみんな違う」と答えた。例えば笛の材料の造り方が違うし、アクションの造り方も違う。風箱の風の通り道の寸法の取り方も違うし、全部違う。「しかしほとんど同じようにするとしても現代は現代の工具があるし、装置もあるから、改良した方が良いと思うことは多少改良しながらやっていくということは良いのではないか」と言うと、フォーゲル氏の主張は「そのことが決定的な差を及ぼしている」ということだった。これは私には大きな驚きだった。それまでいろいろなオルガン・ビルダーにも会い、同じ質問をしたが、これ程明快に言い切った人は一人もいなかった。

フォーゲル氏が、古い楽器でそれが生き生きと鳴る奏法で演奏して良い音を再現して見せてくれたことで、古い楽器を深く認識できるようになった。彼は古い楽器を実によく弾きこなした。その時に私たちが感じたのは、オルガンというのは、威圧的な、人を圧倒しはねつけるような冷たい音だけではなく（その響き自身が、非人間的なものを持ちがちであり、私たちはそういうことに気が付かないほど、慣れっこになっていたわけだが）、フォーゲル氏の演奏を聴くと、他の楽器と同じだという印象があった。他の楽器と同じだというのは、例えば、ヴァイオリンやフルートを聴いた場合、まさにその人の息づかい、その人の気持ちがそのまま音になる。これは巨大なオルガンを操作して、オルガンの音を操作しながら何か音楽をそこに作り上げるというのではなく、オルガンという楽器を使ってまさにフォーゲル氏の息のかかった音がそこに出てくる。何百という笛を息で吹き鳴らしているような柔軟さを感じるのである。

フォーゲル氏の演奏の巧みさには、実は秘密がたくさんある。その一つは、ふいごの使い方である。ふいごを自分で押しているのではないし、最近のオルガンにはモーターがついているわけだが、大きなふいごに空気がたまっていて、弁を開いて笛を鳴らすたびにふいごから風が流れ、一つの音を止める時にふいごが止まる。そうすると、ふいごはわずかではあるが、息を吸い込んだり出したり呼吸している。その呼吸にうまく乗ることで、音楽が非常に息づいてくる、ちょうど人が笛を吹いているように。その楽器がわずかに呼吸していることを無視して弾いていくこともできるし、そうしても大きなオルガンでは大した問題は起きない。ところがその呼吸に逆らって弾くとしばしば、非常に不安定な不自然な音になる。フォーゲル氏は、実に良く音を聴きながら、自分自身の音をその楽器から取り出すとでも言えるほど、デリケートにコントロールしていく。例えばトリオを弾くとき、三つの声部の音が三人の声のようにからまり合って教会堂に響き渡っていく。恍惚となるような音である。

オルガン造りの先生

フォーゲル氏の言葉と実際の演奏を通していろいろ考えさせられたことの一つは、人には先生が必要であるということである。古い楽器に本当の意味で触れた時、その音が生き生きと蘇えって演奏された時、こういうオルガンを造りたいと思う。それは同じオルガンを造りたいという意味ではなく、こういう風なやり方で造っていきたいと思う。こういうオルガンを造った人の弟子になりたいという気持ちだった。そうでない現代風の楽器、非常に均一であって、誰が弾いても同じように鳴るという造り方、それを最初私はめざしていたわけだが、そういうやり方はおもしろくない。というのはやっぱり機械のようなものができていくからである。そこで私は北ドイツのシュニトガーたちの弟子になりたいと思った。弟子というのは先生の言うことを聞くものだし、先生がやっていることを研究するものだから、私はしばしば、ドイツ、オランダに出掛けていく。聴いて、自分で弾いて、なおできれば中に入って寸法を計ったり、造り方を見たり材料を見たりした。その中で驚いたのは、幾つかの楽器の笛の寸法を自分で計ったり、修復のために全部の笛を非常に厳密に計った一覧表を手にしてみると、あるオルガン・ビルダーはオルガンを非常に気楽に造っているということが見えてくるのである。

おそらく表あるいはグラフのようなものを作って（今私たちもやっていることなのだが）、コンパスで寸法をとりながら一本ずつの笛を造っていく。だから、比較的単純に書けるグラフを使うのだが、そうすると笛の太さは、ある比率によって順々に細くなっていく。実際に出来上がった笛を計ってみると、だんだんに細くなっていくかと思うと、次の笛はちょっと太かったり、急に細くなったり随分ランダムになっている。その笛の太さを表にしてみると、なだらかなカーブを描かないで、ジグザグの折れ線グラフのようになる。

また、同じ時代のバロックのオルガンで別の人の楽器についてみると、それが割合となだらかな線を描いている。ところがそのジグザグした、太さがかなり不平等なオルガンが実におもしろい味のある音を出す。そこにわずかな不均等からくるおもしろさがある。だから今私たちは良いオルガンを造ろうと思うと、一所懸命にそして丁寧にやらなければならないが、どこもかしこも一様に丁寧にすると、だめらしい。

例えば大きなオルガンを造る時には大きな字を書くようなものではないかと思う。畳何枚分もある大きな紙に、両手でかかえるような筆を持って字を書く時に、非常に正確に字を書こうなどと思うよりも、勢いというか、もしかしたら墨が飛ぶかも知れない、かすれるかも知れない、筆をおろした時、そこだけ濃くなるかも知れない、しかし、そういうものもひっくるめて、自分の絵の中に、書の中に取り入れていくような強さ、勢いが古いオルガン、北ドイツのオルガン、バロック・オルガンの制作法の中にあると思うのである。一見、かなりランダムな寸法の笛を持ったオルガンが非常に良い音を出すという事実、これはある意味で、その笛を造る時にはコンパスをあてる時にも割合不用意に、気楽に笛を作る。そのために表と違ってジグザグ、ランダムになったのだと思う。そういうようなことには限界があり、限界を越したものはいい加減な駄作になる。名人のそういう勢いというものがあると感じたのである。その後、いろいろなオルガンを見て音を聴いて弾いて、良い音だと思う楽器を詳しく調べてみると、多かれ少なかれそういう勢いがあったのである。

コピーについて

偉い師匠の元に弟子入りする。一所懸命、先生に近づこうとするほど、そしてその先生が、立派な先生であればあるほど、その人は個性的であるわけだから、同じものはできない。そして、もしかするとある日、老大家が亡くなる寸前に、弟子に向かって「君はもう俺を追い越したよ」と言うかも知れない。その時は実際にそうなのかも知れない。その老大家の弟子は、先生と同じものはついに造らなかったが、先生と同じレベルに達しているか、あるいはひょっとすると越えているかも知れない。伝統に貢献するということはそういうことかも知れない。徹底的に学んでいく。日本語では学ぶということと、真似をするということは同じ語源だそうだが、徹底的に学んで、真似をしていく段階で、ついに真似ができなくなったとき、その人は師匠を追い越しているのではないか。先生が本当の大家である場合、師匠と違うことを最初からやろうとする弟子の中からは、立派な弟子は生まれてこない。

あるものをなぞる、コピーをするという行為にはいろいろな意味があるが、一つ一つの段階を経て最終的には、オリジナルを作った人の制作姿勢を学びとることだと思うのである。

複製を作るということには二つある。絵の例で言うと、例えば私の知っているアメリカ人がやってのけたことだが、葛飾北斎の版画を自分の家のブロック塀にペンキで書いた。北斎の版画をスライドにとり、それを夜、壁に投写してそこへマークして、オリジナルを見ながら塗り絵のように、ペンキで色を塗っていった。これは一つの模写である。彼にとっては遊びでおもしろいことである。この場合には、北斎の絵がもう一つできたとは誰も思わない。

もう一つのやり方は、ある絵を模写する場合に、どの色の次にどういう色をどのくらいの大きさの筆を使ってどんなタッチで塗っていったか、そこまで見ながら克明に模写していく。その中で、作者の構図法とか、筆の運びとか、影をつける時に、一面に影をつけるのか、少し濃い色の点を入れていって影を作るのか、そういう技法の使い分けを学びながら模写をしていく。でき上がった時には、原画とほとんど寸分違わぬ絵ができ上がることを目標にして模写していく。

昔、印刷技術がなかった時代は、模写ということも一つの大事な仕事であったが、そういう意味で、名器と言われる古いオルガンがあった時に、それと似たような楽器をともかく、一見似ていればいいのだということで、コピーすることがあるかも知れない。そうでなくて、昔の大家の技法を学ぶために、徹底的にコピーしていく中で、例えばここにこういう木を使っている、それ以下の木ははねたんだろう、このくらいの悪い木でもこのくらいまで使ったのだろうという木の選択基準を習っていくし、笛をヴォイシング（整音）していくうちにここまで揃ったらこのくらいの不揃いというものは深追いせずにこのままにしておくという限界、その人が良しとした限界を習っていく。そういう形で勉強していくのである。だから、この場合には、できるだけ、あらゆることをコピーしていけばいい。そういう中から、例えば板の内側を削らないという、一見何の意味もないようなことでも、ともかくその通りにやってみる。やっていく内に、その一〇あるうちの一つか二つについて、ああ、これはこういう意味があるのかと分かってくる。そういうことが、伝統から学ぶことだと思う。

個性のある音

良いオルガンとはどういうオルガンかは議論も多いところだろうし、定義することができないくらい難しい問題だが、一つだけ大事なことは、あらゆることから独立して良いオルガンがあったり、悪いオルガンがあったりするのではなく、演奏する道具としてオルガンがあるということである。演奏が大事であって、道具としてのオルガン、楽器のことはそう重要なことではない、という人もいる。しかし私はそうでなく、音楽が作曲され、演奏され、そして人が聴くという、全体の過程の中で、楽器の重要さはある部分を占め、その部分の中で、その楽器が良いか悪いかというのが問題なのだと思うのである。

私にも良いオルガンに出会った経験がある。一つは、オランダのオーストハウゼンという所に、一五二〇年頃造られたと思われるオルガンがある。一五二一年に教会堂ができて、同時にオルガ

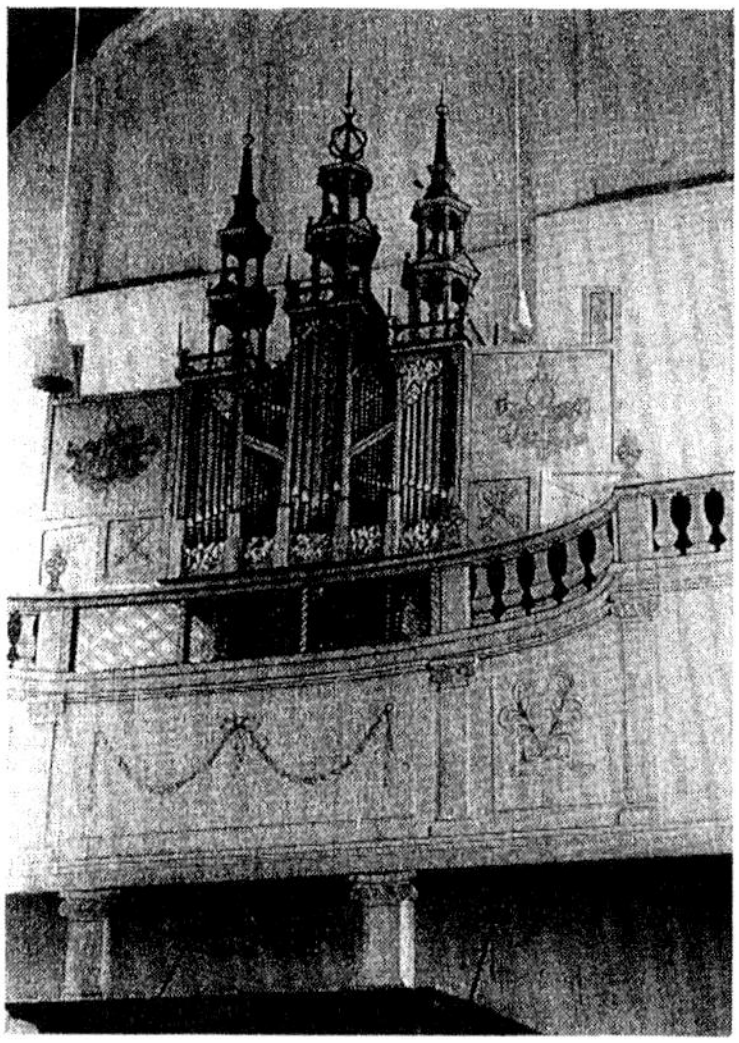

オーストハウゼンのオルガン　オランダ，1520年頃，建造家不詳

ンも入ったということは分かっているのだが、最近の研究では、古いオルガンをどこからかその教会へ持ってきたか、あるいは古いオルガンのパイプを持ってきて造ったかしたらしい。いずれにしても少なくとも四、五〇〇年は経っている。これは一段鍵盤で鍵盤の音域はf—a"、ストップの数は七個と非常に小さい楽器である。いいオルガンというと大きいオルガンのことだと思う人にとっては、価値が無いように思えるかもしれない。しかし、このオルガンを聴いた時に、オルガンとは本来こういうものかと思ったのである。

最初に印象深かったのはセスキアルテラというストップとヴァルトフレーテという、鳥のさえずるような高い音で鳴るフルートなのだが、この両方共非常に澄んだ輝かしい音で、かなり激しく鳴り、実に積極的な音がする。よくオルガンというと荘厳な音がすると思う人が多いが、そのオルガンはそういうこととは全く無関係な音だった。非常に喜ばしい、あるいは非常に厳しい音で、例えば、シンバルをたたくときピアニッシモでたたくことはふつうの人は考えない。このオルガンのセスキアルテラやヴァルトフレーテは、なよなよしたり重苦しい音とは全く無縁で、輝かしい飛び立つような音を持っているのである。これが五〇〇年以上経った笛なのである。もちろん後の時代の手も入っているから、オリジナルとはいくらか違うだろうが、今まで私が持っていたオルガンのイメージとは全く違う世界がそこに開けたのである。眠っている精神の底まで、光の矢のように射しいって体に震えの走るような、そのような音なのである。例えばアルプ・シュニトガーにもそれは受け継がれているのである。

オランダでの修業時代にも同じような経験をしたが、前に述べたウェストザーンのオルガンは、丸みのある美しい音だったが、オーストハウゼンのオルガンは、もっと毅然とした音だった。決して粗野でなく、洗練された鋭さを持っていたのである。

インテンシティーについて

フォーゲル氏がよく音の「インテンシティー」ということを言っているが、このオーストハウゼンの楽器にはそれがある。

インテンシティーというのは辞書でひくと、「強さ」という意味が出てくるのではっきりしないのだが、フォーゲル氏が使う場合の意味は、私流に訳すと、音楽的な力、表現力、緊張という意味になるのではないか。フォーゲル氏はこう話す。音の大きさをピアノとチェンバロ（ハープシコード）とクラビコードで比べると、当然ピアノ、ハープシコード、クラビコードの順で小さくなる。しかし音のインテンシティー、つまり音楽的な緊張度はそのちょうど逆の順序になるというのである。

グランド・ピアノの音が一番インテンシティーの乏しい音、チェンバロの方がもっとずっと力を持った音で、音自身に意味、内容を感じさせる。クラビコードは、とても小さな音だが、よく聴いてみると常に語りかけてくる内容を持った音である。例えば、大きな声で「ああ眠い」と言った場合と小さな声で「私の恋人が今日死んだ」という場合、「今日死んだ」という言葉は切実な強さを持っているわけである。チェンバロの弦をピーンとはじく音というのは、次第に全体に共鳴していき、弦の震動は減衰していくが、音自体はふくらんでいく。そういうところに音楽的に語りかける力がある。このような差がオルガンの笛の音にもあるのである。

インテンシティーの高い音というのは、音がなくなった後までその力が持続する。打楽器の場合、木魚でもいいが、ポクッ、ポクッ、ポクッとたたかれている時、その音のない時間まで、前の音の音楽的なエネルギーが充満している。そういう音がインテンシティーの高い音と言える。電子音がピッピッピッという場合、鳴っていない間は全く鳴っていない。そういうものはどれほど音量をあげても音楽的なエネルギーは極めて弱いのである。

オーストハウゼンの非常に小さなオルガンでたった一つのヴァルトフレーテが鳴り響き歌い上

げる時に、その音は身震いする程の魅力がある。音自身が既に、意味を持っているから、演奏家はオルガンを上手に扱わないと破綻をきたす。その笛が意味しているものと違う音楽をその笛で演奏させようとすると衝突することがある。しかし、その時に楽器が中位のもので演奏者自身が音楽的な魅力や主張を持っていないときには、大したことは起こらない。しかしその楽器が一つの個性を持っている時には、それに演奏家が逆らうことなく、その楽器を上手に乗りこなしていくなら、非常に素晴らしい演奏ができる。それが良い道具というものの本質だと思う。ちょうど、馬と同じである。普通馬は非常に安全に飼い馴らされているので子供でも初めての人でも乗れる。ところが、放牧されていて原野を駆け回っている馬は、その牧場で育った子なら乗りこなせるが、少しくらいの技術では振り落とされてしまう。しかし、少し馬が分かった人なら、そういう馬に乗りたいと思う。

そのくらい良い楽器というものは、個性という力、エネルギーを内在している。だが少しも怖れることはなくて、子供でも、馬に慣れれば乗れるようになる。良い楽器もそういうようなものである。

かんなとオルガン

楽器というのは、私は音楽家の「道具」だと思う。オルガンを造るためにはオルガンを造る道具、ほとんどが木工の道具がいる。ここで一つ、かんなを例にとって考えてみると、かんな自体あるいは、その調整が悪いと、力ばかり必要でよく削れない。削ったあとも、非常に汚ないし、平面が出てこない。だから、疲れるばかりである。

小学生の頃、私の家に大工さんが来て仕事をしていたことがある。その時に、私は手の届く所に置いてあったかんなを、子供だからよく知らないで、ひょいと取って、そこにあった木切れにかんなをかけた。もちろん私は大工さんにどやされてしまったが、家にもかんながあったし、小学校でも工作の時かんなの使い方を教わったのだが、そういうものとは全然違うのである。板をすっとなでると、刃はひとりでに木に食い込んで削ってゆく。そしてはーっときれいなかんなくずが出てくる。それが本当の良い道具というものである。小学生の私にでも、それが自分の今まで使っていたかんなとは雲泥の差だということが瞬間にして分かった。もちろん大工さんがきちんと研いで調整してあるからだが、そういうかんなで削った時のぞくぞくする嬉しさのようなものがないと、仕事が楽しくない。切れないかんなで削ると、力ばかり必要で、出来上がりが悪くて、くたびれてしまう。出来上がりが悪ければ、削ったことに対する喜びもない。だから、仕事をする人は道具を大切にする。

そういう意味で私は、オルガニストは良い仕事をしようと思えば、道具であるオルガンという楽器を選ぶ権利と義務があると思う。

オルガニストとして勉強する人たちは、最初から良い楽器に接することが大切である。少なくとも、そういう楽器が世の中にあるのである。自分の持っている日曜大工のかんなはオンボロだが、かんなというのはこんなものではないということを知っていることが必要である。より良いものを目指すことは、絶対に大事なことである。

切れ味が悪ければ、誰が削っても、きれいにいかない、上手な人が削っても、なかなかきれいには削れない。だから逆に言えば、腕の良し悪しは、あまり見えてこないわけである。優れた人も、かけだしのオルガニストも、非常に悪いオルガンで弾いていると、その差というのは、あまり見えてこないことがある。逆に、自分の腕はまだそれほどでないのに、安心してしまうこともあるだろう。そういう人が、切れ味の良い、敏感な楽器に触ると、まだ研ぎすまされていないその人のテクニックは、白日のもとに晒《さら》されてしまうということが起きる。少し演奏者に酷な見方をすると、楽器が人を選んでいるように思われるが、切れ味の良いかんなに私が小学生の時さわった時のように、良いものに触れるチャンスも必要なのだと思う。

鈍感な楽器、どう弾いても少し濁ったような音がする楽器を弾いていた時には、表われなかったその人の演奏の中のいくつかの欠点というものが、ぱっと目の前に見えてくる。演奏者は、その時にショックを受けるだろう。もしそれが人前で弾いたりしている時であれば、ちょっとみっともないことになったりするかもしれない。しかし、それは、その人にとっては一番良い刺激だと思う。その事で、自分がこれから何をまず勉強すべきか、どういう面で腕を磨くべきかということがはっきりするのだから。

いつでも、どんな芸術家でもより上の段階に向かって精進しているわけで、何をなすべきかが、そこではっきりするということは、その人にとっては一瞬とまどったり、赤面したりするかも知れないが、本当に良いことであるし、幸福なことである。そういう意味では楽器は人を選ばない。初心者ほど良い楽器に触ることが益になる。充分に良い楽器にさわった人、そういう人にとって、初めて「弘法筆を選ばず」という譬えがあてはまるのだと思う。楽器は悪くても、良い楽器に触ったことで、腕を磨いているから、そうでない人よりも、その悪い楽器でより良い演奏ができることは確かだと思うのである。

緊張関係のある調和

オーストハウゼンのように、小さい楽器で非常に魅力があるオルガンというのは、優れた弦楽四重奏団のようである。一人一人の奏者が自分の音楽を持っている。四つか五つのストップの一つずつが素晴らしい音を持っていて、ある調和を保っている。だがこの調和というのは、放っておいてもいつまでもくっついているような調和でなくて、緊張関係のある調和である。そういう人たちが集まったオーケストラもある。あまり上手でない人たちでも、大勢集まると、けっこう音楽は楽しくできるように、オルガンもそれ程、いい音の笛やストップでなくても、たくさん集まると何とかやっていけることはある。レベルが低い時だと、大きいことが良いということになる。それは、アマチュアが演奏をしようという時は大勢いた方がうまそうにやれる。しかし、プロフェッショナルな音楽家、オルガン演奏家、あるいは楽器造りは、たとえそこから出発したとしてもそういうレベルで考えていてはいけない。

大きなオルガンの中にも、素晴らしいオルガンがある。小型の非常に魅力に溢れる楽器と同じレベルでしかも大きいとなると、数は少ないがこれは大変なものである。例えば、北オランダのフローニンゲンという町のアーケルクという教会にある十七世紀のオルガンには、それよりも一世紀も二世紀も前の古いパイプがかなり使われているのである。アルプ・シュニトガーが十七世紀に今の楽器のように造り、その後何回か手が加えられ改造された。これは今、建物の修復と同時に修復されているのだが、これはハウプトヴェルクに一六フィートのプリンツィパルがある三段鍵盤の大オルガンである。フォーゲルがペダルとハウプトヴェルクとリュックポジティフのそれぞれのプリンツィパルの八フィートを使って、バッハのトリオ・ソナタを弾いてくれたのである。

三段鍵盤のオルガンは世界中にたくさんあるが、こういうプリンツィパルだけでトリオ・ソナタを弾けるということはそうざらにはない。それぞれの八フィートの音、プリンツィパルの音が微妙に違う。ある人の声とこちらの人の声というような感じで違う。音色が違う、発声の仕方が少し違う。それでトリオ・ソナタを弾くと本当に三人のヴァイオリニストが、あるいは二人のヴァイオリンとヴィオラがトリオをやっているように、多くの人がレコードや新しい楽器を聴いてイメージしているオルガンの演奏というのと別世界のようだった。これはその楽器が良いということと、フォーゲルのオルガンをよく知った演奏技術とが両方で織りなしてできたことだということだろう。

音の力

美しい音というのは、その音自身に魅力がある。例えば、お寺の鐘は低いような、高いようなゴーンとかクワーンというように不思議な音色である。あれはただの音ではない。それ自身に意味があり、語りかけてくる力がある。そしてそれが、一つのうねりをもって、ワオーンワオーンと響いて消えていく、変化していく。だから、一瞬一瞬に意味があるのである。エンドレス・

テープが回っているような状態では決してない。

いいオルガンの音に私が熱中するのは、それぞれの笛にそういう内容がこもっているからである。例えば、ボローニャの大聖堂にある一四〇〇年代のオルガンの一六フィートのプリンツィパルを、ウォーンと鳴らすと、それが会堂の中に響きわたっていく。それで、パイプ自身が振動を始めて、充実していく。たった一本の笛を一つのキーを押して鳴らしているだけで、そこには緊張感と語りかけがある。

音がピーと鳴り出して止むとか、音が立ち上がるというような、そんな薄っぺらなものではなくて、まさに音が生まれ出てくるというような感じである。聴いている人の耳を通して、意識に揺さぶりかけてくる力。フランスの古いオルガンのコルネの音などもそうである。会堂の空気を切り裂いてピューと響いてくる。鋭さを持ちながら同時に暖かさを持って響いてくる音というのは、鳴っているだけで、背中がぞくぞくする。

ある古いスペイン音楽の楽譜を見た時、ハ長調のコードが全音符で書いてあった。第一小節、第二小節も全く同じコードが全音符で続いて書いてある。第三小節も第四小節もそうである。何小節それが続いていたか。それから、おもむろにスケールのようなものが始まって、だんだん曲になっていく。最初その楽譜を見た時に、何故こんなに同じ音がずっと続くのかよく分からなかったのだが、スペインへ行ってスペインのオルガンの音を聴いた時、作曲した人の気持ちが分かるように思えた。スペインの大聖堂の中で、例えばスペインのプリンツィパルは非常に暗い深い音がするのだが、それをブワーンと鳴らした時に、その音だけで美しい。そうすると、その一小節、その音を響かせて次に何をしようかというと、やっぱりもう一回その音を聴いてみたくなる。もしかしたら、それをアルペジオで弾いたり、少しトリルで音をふるわすことを入れたり変化させたかも知れない。本当に堪能するまで一〇回ぐらい、一小節がもし四拍で、一拍が一秒だとしたら、四〇秒間、聴いても飽きないだけの美しい音色がある。そういうオルガンがあって、初めてこういう曲は納得できるのである。

これを今時のつまらないオルガンで弾いたら、本当に困ってしまう。タッタッタッタッと一〇回ぐらい急いで弾いて先に行きたくなる。そういう何かを持ちこたえる力があり、人々を音だけで納得させてしまう、そういうものが良いオルガンである。

スペインのプリンツィパルでは、非常に暗く重い音としてそれが存在する。イタリアのプリンツィパルでは、かなり軽やかな、甘みを持った音として、泌み入るような音として存在する。

北ドイツのオルガンでは、アルプ・シュニトガーよりも前の笛、あるいは彼が造ったオルガン、つまり彼が使った古い笛などに特にそれを感じるが、腹の底から、「オー」と喜びの声をあげるような、農民の喜びの声のような、やや粗野な、しかし暖かい、それでいて激しい音が鳴ってくる。そういうオルガンが、ヨーロッパのあちこちの国々に、それぞれの音をもって至る所に存在し、オルガニストたちが活躍し、バッハをはじめとするオルガニストたちが作品を残していった。だから、今、オルガンを造る時に、つまらない、ただの発信機のような音を出す楽器を造ることは考えられない。

現代は現代の音があっていい。しかし、これに対抗できる美しさと説得力と個性のある音でなければ、電子音を真似したような音ではどうにもならない。

NHKでの放送

日本で初めてフォーゲル氏の名前が知られたのは、NHKでブレーメン放送のテープが放送された時である。ドイツのブレーメン放送の提供ということだった。その中にはオルガニストが何人かあがっていて、その一人がフォーゲル氏だった。

最初のオルガン旅行の時に、放送で聴いたフローニンゲンにあるアーケルクの音が非常にきれいだったので、市にオルガン旅行の主旨と目的を書いた手紙を出し、そちらに行きたいということを申し出ると、市のオルガン財団の人がフォーゲル氏を呼んでくれていた。会ってみて分かったが、ブレーメン放送の番組の監督をしたのが、フォーゲル氏で、いろいろな人の演奏をテープにして全体を再編集したのである。この地方の楽器にあかるかったので、オランダのフローニンゲンの人もドイツ人であるフォーゲル氏を呼んでおいてくれたのだろう。

彼は私たちの予定になかった近くの町々の大きなオルガンや小さなオルガンなど一〇台ほどを

見せてくれた。彼の演奏が今まで私たちが知っていたオルガニストの演奏とはかなり違うことに驚いた。彼は古い楽器をよく調べて、その楽器が造られた時代の音楽をできるだけその時代の楽譜（現代の印刷されたものでなく当時の人の書き残した指使いがある手書き楽譜）を見ながらそれに従って彼は人前で弾けるまで一〇年研究したという。当時の音楽を古い楽器で、当時の指使いや知られる限りのものに従って、しかもそのやり方で心地良い音楽として納得できるまで自分で練習するのに一〇年かかったのである。

一〇年目にブレーメン放送の番組を作って自分でも演奏した。そういうことを私たちは知らないで行ったので、彼の演奏を聴いて驚いたのである。まず、音楽のリズムが固いメカニカルなものでなく、ロマン派のテンポ・ルバートとは違うが実に活き活きとした自由闊達なものなのである。かと言って、それは主観的に伸ばしたり縮めたりしたのではない。そういう印象は受けず、自然に響くのである。

オルガンの音も非常に鮮明であった。もやもやと霞がかかったような音ではなくて、明瞭に聞こえてくる。その秘密は、古典的な指使いや、アーティキュレーション（連続した音の流れを分割し、明瞭に発声させる技法）などからきていたのである。楽器の構造に逆らわないで弾いていく。昔の人はそういう楽器を造って、それに合う音楽を作曲して楽しんだ。あるいは逆に、そういうふうな音楽があって、それを楽しめるように楽器は合わせて造られていた。当時の音楽と楽器とにハーモニーがある。

そういうハーモニーに逆らう仕方でなく適合した奏法を楽器と文献とから再現、再生しようとしたのである。でき上がったものはもちろん、フォーゲルの音楽のほか何ものでもない。良い演奏というものは、そういうものである。

これはもちろん彼がたった一人でやったことではなく、オランダにいるオルガンのエキスパート、オルガンの鑑定や修復のアドバイスをする、例えばクラースボルトのような人たちやオランダに近いドイツに住んでいるアーレントという天才的なオルガン・ビルダーやフォーゲル氏の親類にあたる人だが、クラビコードを造っている元オルガン・ビルダーのレンゲマン氏や、アルザスにいるオルガン・ビルダーとかオルガニスト、音楽学者たちとしばしば議論を交わしながら、お互いに演奏を聴き比べて研究し続けてきた成果だと思う。

オランダで活躍しているニュー・バロックと言われている人たち——G・レオンハルトやF・ブルッヘンら——が古い音楽を演奏する時に、まず当時の楽器と、当時の楽譜で当時の演奏を学び、肉付けをしていくという手法で一つの新しい行き方を示しているが、フォーゲル氏もオルガンで基本的に同じことを行なった。オルガンの上での試みは多くの人がやっていて、最初ではないが、自分の演奏であの水準まで行った人は、フォーゲル氏が最初だと思う。理論的に研究した人はたくさんいただろうが、彼の場合、その研究と演奏家としての技術が一流レベルまで到達して実現していたのである。

フォーゲル氏の行動

私が初めてフォーゲル氏に会ったのは、彼が自分の考え方を世に公にし始めた時だった。北ドイツ・オルガン・アカデミーというセミナーを始めたのもその頃だった。一九七一年、第一回目の時、私は松原茂氏と一緒に参加した。フォーゲル氏がそういうことができたのは、一つは彼が住んでいるブレーメンの近くからオランダにかけて車で二、三時間の範囲に、非常に多くの歴史的な楽器が後の時代の変更を比較的受けずに残っていたことによる。これはアルプスの北では本当に珍しいことである。ドイツ、フランス、東欧も含めて、あれだけの数、それもいろいろな時代の、古いものは十五世紀からの楽器が、オリジナルな形を留めて今だに残っていて演奏ができるというのは、余りないことである。

オランダのある町では、一ヶ所でぐるりと麦畑を見回すと、三つか四つの村が遠方にかすんで見えてそれぞれに教会の塔が見える。そこには、一〇〇年か三〇〇年たったオルガンがある。その辺一帯がオルガン歴史博物館のようである。それにもかかわらず、ほとんどの人たちが、少なくともヨーロッパの演奏家は、そのオルガンを見向きもしなかった。

学者は時たま来て、これはいつの時代の楽器かということを記録に残している。演奏会のように一つのプログラムを弾き込んでみるという人はいなかった。しかしフォーゲル氏はその時代の音楽を充分に演奏してみたのである。オルガン旅行で私たちが行くと、そこで三〇分か一時間のプログラムを作ってたっぷり演奏して聴かせてくれるのである。

田舎のオルガン

その地域のオルガンだけ、なぜ手を加えられないままで残っていたのかというと、一つには辺鄙な田舎だったからである。都会から離れていて、今でこそ車だから大したことはないが、それでもハンブルクから二時間ドライブして行かなくてはならない。汽車は一日に何本かしかない所なのである。本当に辺鄙な所なので、いろいろな時代の新しい波の影響を受けずに済んだのだろう。

他の地域では、オルガンの建造や演奏に、新しい流行が起きると、それに合わせてその都度オルガンを改造していった。ここではそういうことが行なわれなかったし、人々がどちらかというと保守的だったから、自分の祖父母も曾祖父母も礼拝に使い自分たちも良い音だと思っているオルガンを、なぜ変えなければいけないのかという気持ちを何百年も持っていたのではないか。

そこに住み、そのオルガンを聴いている人にはその良さが分かる。だからあえて手を加えずそのままで残されていたのだろう。そのオルガンをじっくり聴かずに、世の中の流れを見渡すと、自分の所は遅れているのではないかと思い、つい手を加え改造していくことになるのだろう。他の国でも辺鄙な場所はあるだろうし、国によっては、どんどん手を加えていく一つの流れがあった。共産圏のある国々では今、国家が片っ端から手を加えていくというようなことを聞くが、これはやはり住んでいる人の気質だと思う。北ドイツのブレーメンから西の方は文化圏としてはオランダに近い。このあたりの人々やオランダ人というのはオルガン好きのようである。好きだということはよく聴くということであり、「聴く」というのは自分の町のオルガンを聴くことである。今のように自由にあちこち行けないから、都会のオルガンの様子が耳に入ってきても、自分が今好きで弾いたり聴いたり、一緒に讃美歌を歌ったりしているオルガンを直さなければいけない理由が見つからないのだろう。オルガンの音自身の魅力ではなく、自分たちの財産とか、権威の象徴とか他の魅力で大事にしている場合には、違うオルガンが今流行していると、それは大変だということで改造することになるのだと思う。

オランダのある小さい町へ、大きな団体バスで私たちが入って行ったとき、町の外からは塔が見えているが、町に入ると二階建ての家が並んでいて教会が見えなくなる。運転手は道路端にバイクを止めている人に教会の場所を聞くが、首をかしげている。しかし私たちはオルガンを見に来たというと、「ああ、あのきれいなオルガンのある所か。それなら、こう行ってこうだ」と暴走族風の若者でも答える。そういうことは他の国ではあまり聞かない。

古い良いものを生かす伝統

ヨーロッパの中で、古いオルガンの修復と保存について、制度的にも一番整っている国はオランダではないかと思う。そういう制度ができたからというよりも、オランダという国が、そういう国なのである。どういうわけかオランダの人というのは、かなり昔から、オルガンをとても大事にするオルガン好きな国民である。

例えば十六世紀、宗教改革のあと、教会で一時、オルガンを使うことを否定する傾向が非常に強く表われた。オランダ、スイス、フランス、イギリスで、オルガンは使わず歌だけで礼拝することが、一番聖書にかなっているという主張がなされ、そのために方々の国でオルガンを壊した。その時、オランダでは、礼拝で使わなくなったが、壊すということはあまりせずにオルガンを使い続けたのである。

教会では牧師が入って来るまでオルガン演奏会を行ない、牧師が入場してきた途端に、オルガンの演奏をやめて、二時間、三時間と礼拝を行なった。礼拝が全部すんで牧師が退場した後、オルガン・コンサートというのが開かれた。だから集まる人にとっては、礼拝の前後にオルガンの前奏と後奏がある。たてまえとしては、礼拝が始まる前と終わった後にあるから、礼拝では、オルガンを使わないことになる。オルガンを使ってはいけない時代でも礼拝に来ていた人たちはオルガンを聴いていた。そのくらいオルガンが好きだったのである。

ドイツでは、改良して新しい方向へ向かいながら、オルガンを大事にしてきたのである。だから、古いオルガンといっても、どんどん手が加えられ変わってきている。

オランダでは、祖父母の代から大事にしてきたオルガンを生まれた時から聴き親しんでいる。改造なんてとんでもない。ドイツの人が何を言おうと、これは自分たちのオルガンだという感じで残ってきている。だから、古いオルガンの修復や改造は、一定の許可を得て、特定の資格のあるオルガン・ビルダーしかしてはいけないということが制度化している。

他の国では、そういうことがなくて、ドイツなどは、今だに改造が行なわれてしまう。オルガニストや教会関係者、その地域の人の考えで、バロック時代の楽器が残っていても、それを改造してしまうということが起こる。そういう意味では、オランダという国は、オルガンにとっては、全く幸せな国である。修復の方法を制度として定着させて、正しくないオルガンの修復が行なわれれば、そういうことが二度と行なわれないように、お互いに報告し合う。また、とても良い修復ができた時にも、制度の中に取り入れていく。このようなことは、オランダ以外の国ではおそらくないだろう。だからドイツなどではオルガンが関係者の考え次第で、正しく修復されることもあれば、でたらめに修復されてしまうこともあったというのが、ごく最近までの経緯である。

良い楽器が身の周りにたくさん残っていたことが、フォーゲル氏の研究に拍車をかけたと思うのである。もう一つは、第二次大戦前後から、「ドイツ・オルガン運動」が始まり、バロック・オルガンに帰れということで、十八世紀またはそれ以前の楽器が見直された。それと同時に楽器を修理することが熱心に行なわれた。

その際に、十八世紀のオルガンの演奏法が十分に研究されていないため、現代風の演奏法で、例えばピアノを弾くタッチで古いオルガンを弾く、するとアクションががたがた音をたてる。これは楽器が古くなったためだということで、あちこちにフェルトをはさんだり、鍵盤を新しいものに取り換えたりして、ピアノを弾くようなタッチでたたいても音がしないように改造してしまうなど、楽器をよくするつもりで、不要な改造がなされた場合も少なくない。

フォーゲル氏の周りの楽器も彼が学生の頃何台か改造されて悪くなってしまった。オランダから来た友人がそれを見て、こんなことをしなくてもこれらの楽器は元のままで良い音なのだ、ふいごさえ直して風を入れてやればこのままでいい、と言って、オランダの正しく修理されたオルガンを見せてくれた。それは、元の状態のままで、弾けるように直してあったのである。ドイツでは、鍵盤やアクションの部品を換えたり、あちこちにフェルトをはさんだり、風圧を変えて笛にも手を加えている。傷みが酷いということでどんどんいじってしまう。そのようなオルガンとオランダの古いオルガンを聴き比べてみると、ドイツ人が修理したオルガンは、ドイツで新しく造られたオルガンと音色が非常に近いことがわかる。

一方オランダにある十八世紀の楽器はずっと美しい音がするということにフォーゲル氏は気付

いた。誤った修復を止めさせるためには、正しい修復とは何か、古いオルガンの本当の良さはどういう所にあるのか、ということを自分で演奏して人々に納得してもらうのでなければならない。そういうわけで彼は、楽器の構造と同時に演奏の研究をしたのである。

もちろん一九五〇年代のオランダの修復にも問題はあったが、ドイツに比べるとはるかに程度は良かった。ドイツ人の場合、徹底したやり方で一所懸命やり、その結果見るも無残に悪くしてしまった。ここ一〇年くらいになって、やっとフォーゲル氏の主張あるいはオランダの人の主張が認められ出し、一九五〇年以後に修復されたオルガンの再修復が行なわれている。三〇年ほど前の修復の方法が間違っていたので、その前の状態に戻すという作業である。

悲しいことに一九五〇年代までにドイツ国内のほとんどのオルガンは修復でなく、改悪されてしまったのである。表だけ残して中の笛全部、アクションから構造まで全部取り換えてしまうといった見かけだけ残しておくオルガンがドイツには実にたくさんある。そういうことをされていなかったハンブルク、ブレーメンなど最北端のオルガンに、一九五〇年代からドイツ中央部の人たちの目が向けられてきて、善意から現代的な形に構造を改める形で修復され、かなり駄目にされた。それで今、ドイツのあちこちのオルガンの再修復が始められたのである。

オルガン運動には一つの間違った情報というか誤解があった。まず「バロック時代のオルガンの笛は歌口の高さが非常に低く、口を閉じた形で『イー』という形で鳴っていた。それに比べてロマン派の笛は非常に高く、『アー』と大きな口を開けて鳴る形である」という意見が流布していて、そう思っている人たちが北ドイツに来たところ、歌口が皆非常に高かった。それでこれはすべてロマン派の時代、十九世紀に高く切って改造したのだろう。だから非常に太い音になっている。新しく修復した方が良いというわけで、全部の笛の歌口に板をハンダ付けした。しかしそれらを元来の風圧で鳴らすと、歌口がひくいために、音がひっくり返り、オクターヴ高い音になってしまう。それで、ふいごから重《おも》りを取り、風圧を下げてしまった。

その結果、一九五〇年頃からドイツのオルガン・ビルダーたちが造っていたネオ・バロック・オルガンのタイプと同じような、神経質で上ずった、ヒャーヒャーという音のオルガンと非常に近い音になった。バロック・オルガンの歌口が低かったという間違った主張を持った人たちが、十九世紀に笛の歌口が切られたためだろうと思いこみ、次々にハンダ付けをして歌口を下げていってしまった。そのために音が悪くなってしまったのである。

不思議な時代

オルガンは他の楽器と比べて、時代、地域による差が大きく、それがオルガンの作曲にも影響している。オルガンを語る時、様式感を抜きにしては語れない。「オルガン文化」という言葉もあるくらいである。

今、ヨーロッパの音楽は不思議な時代に来ている。ヨーロッパの音楽史の中で初めての出来事に遭遇していると言われているが、それは古い音楽を演奏するということである。ヨーロッパの音楽史の中で、演奏活動の相当な部分が、現代作品でなく、過去の作品に費やされているというのは、今が初めてである。もちろん昔の人、例えばバッハも、それ以前の時代の作品を研究したり、あるいは聖歌隊が少し前の作曲家の作品を演奏したりしたことはあったが、それはどちらかというと例外だった。メンデルスゾーンが、一〇〇年間演奏されていなかったバッハの曲を演奏し、蘇らせたということは、極めて特別な出来事だった。しかし、今は一〇〇年以上も前の作品、例えばベートーヴェンを演奏することはめずらしくも何ともない。ベートーヴェンを弾かないピアニストはいない。昔の作品を取りあげない演奏家の方が、今では珍らしい出来事になっている。

昔のオルガン・ビルダーたちは、いつでもそれより前のその地域のオルガン造りから習った技術を基にして自分のオルガンを造ればよかった。しかし現代のオルガン・ビルダーたちは、オルガニストたちがあらゆる時代、あらゆる地域の音楽を演奏するので、いろいろな時代の異なった様式のオルガンを研究し、再生（修復することとそれと同等のものを造るということ）をしなければならないのである。そういう理由から、オルガンの様式感ということが、現実の演奏活動と結びついて、問題になっている。このようなことは、音楽史、そしてオルガン建造史の中で、非常に新しい、まさに現代の出来事と言える。

ある人が、「昔のオルガン・ビルダーたちは自由に自分のオルガンを造った。だから我々、現代のオルガン・ビルダーも自由に、我々の考えでオルガンを造る」と言った場合に、この意見は一見正当に見えるが、実はそうではない。というのは、演奏家が、古い作品は弾かずに自由に自分自身の作品を演奏したのだから、オルガン・ビルダーもその時代のオルガンを造ればよかったのである。オルガンというのは、演奏するためのオルガンを造るのだから、昔の人たちは当時の現代音楽を弾くためにオルガンを造ったのである。しかし、現代の「音楽」すなわち「現代の人々が演奏したり楽しんだりする音楽」はいろいろな国で昔造られたものや、つい最近造られた現代音楽と大変幅が広い。

だから現代のオルガン造りは、単純に自分の造りたい楽器を造るというわけにはいかなくて、演奏家が演奏し、聴衆が聴きたいと望むあらゆる時代のオルガン音楽に合わせて楽器を造らなければいけない。そのために異なった様式の、異なった時代の楽器の研究に基づいて造らなければならない。十九世紀のオルガン・ビルダーが、もし同じようなこと、即ちオルガンの様式感を言ったとすれば、ある時代にこういうオルガンがあったと一つの過去の歴史として言うであろうが、我々は歴史であると同時に、我々のオルガンとして論じているのである。

今日の「現代音楽」というのは、過去と現在の両方の音楽のことなのである。

オルガン造りの多様性

オルガンには非常に長い歴史がある。その歴史の中で生まれた種々の異なったオルガンを全て「オルガン」という単一の名前で呼んでいる。古いことはよく分かっていない。楽器そのものも残っていないし、オルガンについてのかなり誇張された詩やかなり正確な絵も残っているが、絵からは音は分からない。今、かろうじて分かるのは十五世紀頃のオルガンからである。そういう現存する十五世紀のオルガン、宗教改革の前後とその少し後までの楽器を見ると、ヨーロッパ中で大差はなかったようである。

オルガンはすでに十六世紀の頃には、ヨーロッパの北、イタリア、スペイン、そして東ヨーロッパの奥深くまで普及していたらしい。そういうオルガンが数は少ないが残っている。その楽器から見ると、ケースのデザインとか、アクションの構造、鍵盤の音域、送風装置を含めて、非常に似た造り方がなされている。この時代にはオルガンは割合地域性が少なく、いわば汎ヨーロッパ的な楽器として存在していたらしい（オランダ・オーストハウゼン、北ドイツ・リーズム、スイス・シオンなど）。

どの国でもその時代まで、教養のある人はラテン語を話した。だから、そういう人がヨーロッパを旅行するということは容易だったのである。その上、オルガン造りは、多くの場合、修道院の修道士たちだったから、ラテン語を話せたし、自由にヨーロッパを行き来してオルガンを造れたということも関連しているだろうと言われている。

宗教改革以後、地域性ということが文化の面で重要視されて国語がラテン語より上に置かれるようになり、人々の往来がかつて程自由でなくなった。その結果、音楽の演奏や作曲でも、地域性が自然に助長され、オルガン造りも各地域でそれぞれ独自な発展を始め、あるいはオルガン造りやオルガニストたちの交流が減ったために、地域性が発展したと考えられる。十七—十八世紀にかけて、バロック・オルガンが各地で、それぞれの特徴をもって一斉に開花し始めたわけである。地域性というのは、例えば礼拝のやり方とか人々の音の趣味とか材料等が、その地域地域で異なったためだということである。

オルガンを入れる建物の違いもある。スペインでは非常に大きな教会堂が建っていたが、それに対して北ドイツの方へ行くと経済的な事情もあって、教会堂が低くて小さいというようなことがある。典礼のことで言えば、宗教改革以後、プロテスタントの教会では、会衆の讃美歌が重要な位置を占めてくる。十八世紀になって多数の会衆の讃美歌の伴奏をオルガンがする必要にせまられてオルガンが非常に大きくなっていった。楽器のサイズも笛の数も音量も大きなものが必要になり造られたのである。

プリンツィパルの比較

オルガンの笛の種類の中で一番基本的な、プリンツィパルと呼ばれている笛においても、各地域で、特色があらわれている。十六世紀頃までの、ルネッサンス・オルガン（その前にゴシック・オルガンと呼ばれていた楽器があるわけだが）、そしてバロック・オルガンになって、地域性がはっきり出てくるわけだが、ルネッサンス頃からオルガンの手鍵盤の数が増え、場所によっては、ペダル鍵盤が非常に重要なものになってくる。しかし複数の手鍵盤の内で、ハウプトヴェルクとかグレートと呼ばれているものはゴシックの響きをずっと伝えている。

十九世紀までの楽器を見てみると、ハウプトヴェルクのプリンツィパルの音は、私の印象では、いろいろな人が言うことと違って、地域差より、同一性に気付く。ハウプトヴェルク（グレート）のプリンツィパルは一番正面に並んでいる笛で、その裏に入っているリピエーノあるいはプレヌムと呼ばれているプリンツィパルと同色でピッチが順々に高くなっていく列、その一組の響きについてよく見ると、ドイツ、フランス、イタリア、スペイン、おそらくイギリスでもゴシック以来のプリンツィパル・コーラスの響きは、多少、地域的に変形され、変化して、地域色は出るものの、かなりの共通性を見ることができる。それはいつでもオルガンの中心になっていて、力はあるが、決して荒々しくなく、耳に心地よい音であり、会堂を満たしていくような響きなのである。音量としては、フォルテという感じで、激しい音ではなく、かなりしっかりした音なのである。そういうプリンツィパルというものが共通してあるように思われる。

北ドイツのプリンツィパル・コーラスというのは、ちょうどブロックを積み上げていくような感じで、例えば、八フィート、四フィート、二フィートそれぞれが鳴っていて、個々の音として認識されながら、よく響き合っている。それに比べてイタリアのリピエーノは、八フィートを鳴らしていて、それに四フィートを足すと、音色が変わっていく。音が混ざり合って次の響きを作っていくのである。

北ドイツのオルガンについて言う場合に問題なのは、イタリアのように良く保存された楽器が非常に少ないことである。良く保存されたオルガンでも八フィートのオルガンであれば、八フィート、四フィート、二フィートまでで、それより高い音のミクスチャーは、ほとんどの場合、十九世紀に新しい笛を入れるためにそれまでの笛が捨てられている。そのために、誤解されやすい新しい笛が入っている。その新しい笛が、いろいろな意味で、古い笛とよく合わないから、同時に鳴らすとしばしば非常なギャップが生まれる。しかし、例えば良く保存されたアルプ・シュニトガーのオルガンで、注意してオリジナルの笛だけで弾いてみると、ストップを増減したときのギャップは少ないように思う。プリンツィパルの八フィートの音に、オクターヴの四フィートを加えた時に、もちろんドイツの場合は、会衆の歌を伴奏するためにずっと強い音になるが、その四フィートを入れた時のふくらみ方というのは、できるだけ音量の段階の変化が聴き手に意識されないように注意して造られている。

良く保存されたシュニトガーのオルガン、例えば、カペルのオルガンなどで聴くと八フィート、四フィートの音に二フィートを加えた時に、それが突き出ない。これはイタリアのオルガンで行なわれていることが、ドイツでも考えられていると思う。

会衆の讃美歌とのバランスという点を考えると、何百人、何千人の声の音量は凄いものである。イタリアやスペインの大聖堂で聖歌隊が歌った時に、その音は、確かに会堂を満たすが、音量はそれほど大きくない。その音量と、北ドイツのわりあい小さい会堂の中にいっぱいになった会衆が讃美歌を歌う時の音量とは、それこそ十倍とか二十倍というほど違うと思う。その音に合わせて、オルガンの音量は決められているため、北の方のオルガンはずっと大きな音になっているから、そのことによる音色の差、印象の差というのは、かなり大きい。それが前述した点で地域様式からくる差の一部になっている。

しかし、イタリアの小さく優しい音に比べて、非常に強い音のオルガンを造ることに北ドイツの建造家は一番努力したように見えるが、実はそうではないと思う。大きな音を出す必要はあったが、ドイツの巨匠たちは激しいものとしてでなくて、豊かな幅広いものとして造ることに努力したような気がする。例えば、ガラスを引っかくような音というのは、小さいが非常に激しい音である。ところが、太いフルートやほら貝を吹いたような音というのは、大きな音であってもそう激しく人に迫ってこない。もちろん、アルプ・シュニトガーの作品でも若い頃の作品は非常に激しさを持っていて、年をとってからはもう少し柔らかくなったという評価もされている。

　大きな音を出す必要がある時に、ただ大きな音を出してやれというのではなく、大きな音であるのにもかかわらず、イタリアのオルガンが持っていたような、麗わしい豊かな響きを出したのが、北ドイツのバロック・オルガンではないかと思うのである。

ペダル鍵盤の地域性

　オルガンのどういったところに一番顕著に地域差が現われているのだろうか。その一つは、ペダルである。オルガンのペダル鍵盤は、二オクターヴ以上の音域をもっているが、かかとと爪先、つまり、両足で四つの音がひけるようなペダル鍵盤を我々は思い浮かべる。しかし、こういうペダル鍵盤は、十七世紀頃、ヨーロッパのずっと北の方で始まり、南のアルプスのあたりまでだんだんと広まったが、アルプスを越えて南の方までは、十九世紀まで広まらなかったのである。フランスでもそういう大きなペダル鍵盤というのは、おそらく十九世紀まで造られなかったのだろう。今、我々が見なれているペダル鍵盤というのは、十七世紀頃、北ドイツの付近で使われ始め、ほとんどそこだけで使われ、十八世紀にはもうほとんど使われなくなってしまったペダルなのである。例えば、バッハの息子たちは、ほとんど、そういうペダル鍵盤に興味がなかったらしく、ペダルの活躍する作品はほとんど残していない。ブクステフーデやバッハはペダル鍵盤でソロをするようなものを作品にしたが、バッハの息子ぐらいになると、そういうものにはあんまり興味がなくて、長いバスの音をペダルで弾く。ところが、スペインやフランスでは、ペダルはずっと昔から十九世紀頃まで使われていたが、そこではペダルは、主としてメロディーを弾く鍵盤だったのである。

フランスのオルガンで、ペダルの中で一番大事な笛は、一六フィートではなく、フルートの八フィートと、トランペットの八フィートである。一六フィートはマニュアルにある。ペダルは、定旋律、即ちメロディー、例えば「グレゴリオ聖歌」を弾く。それはあまり激しく動かないので、足で楽に弾け、しかもボタンが並んだような鍵盤であった。シャープ・キイとナチュラル・キイがあるが、割合短い一〇センチくらいのキイが並んでいて、爪先だけ、場合によっては片足で弾くようなペダル鍵盤が、アルプスの南側や、フランス、ベルギーでも十九世紀まで使われていた。

イタリアやスペインに、我々が見慣れている二オクターヴ以上の大きな鍵盤が現われるのは、今世紀になって、バッハをそれらの国の人たちも弾くようになってからのことである。これは本当に新しい出来事である。スペインやイタリアのオルガンでは、バッハを弾けないというので、ドイツ風のペダルのあるオルガンを今世紀になって造り始めたわけである。ペダルのビルティオーゾ、ブクステフーデのような作曲家がその点で非常に有名だし、バッハもそれらの影響を受けてペダルの活躍する作品を作ったのだと思うが、それらは十七世紀に北ドイツに現われて、十八世紀の末くらいに、もうオールド・ファッションになったものなのである。

長いオルガン史の中でみると、ペダルが独立して非常に大きくなったことは、特殊な地域的出来事であり、時期的にも、非常に短い。それがバッハの音楽の再興と共に、そして他のいろいろな古いオルガン音楽を再び弾くようになった時に、よみがえってきた。そしてロマン派の作曲家たちも大きなペダルを重視したのである。

大は小を兼ねる式の考えでいけば、そういう大きなペダル鍵盤を持った楽器というのは便利なわけである。それにふさわしい作品が弾けるし、また大きなペダルを必要としないオルガン曲はたくさんあるが、それらを弾く時には、単純に使わなければいいわけである。

そういう理由で世界中の音楽大学のオルガンには、大きなペダルがあり、オルガンを勉強する人は、皆大きなペダルを持ったオルガンで練習する。そのためオルガンとは全て、そういうものなのだと、錯覚しているのである。今後もそういう楽器が多く造られるだろうし、それは当然だろうが、ただオルガン史全体からみれば、非常に特殊な楽器であるということは、認識していてもいい。

複合の限界

日本の教会でオルガンを入れるとなると、いろいろな様式があるにもかかわらず、やはりバッハが弾きたいということで、どうしても北ドイツ的なタイプの楽器が増える。あるいは、最近、増えつつある公共ホールのオルガンは、あらゆるジャンルのオルガン音楽が、均等に弾けるように、いわゆるユニヴァーサル・タイプを目ざしている。その場合、様式感ということを考えると、一台の楽器でいろいろな時代のいろいろな国の音楽をまかなえるということの限界という問題が生まれてくる。

その限界はどこにあるかということはむずかしい。もちろんどの時代のオルガン・ビルダーもいつでも新しいものを取り入れようとしているという意味では、複合した要素を持とうとしているのである。それはすでにルネッサンス・オルガンに強く出ている。その前のゴシックのオルガンは全くプリンツィパルだけのオルガンだった。そこへルネッサンス時代のいろいろな楽器の音色、クルムホルンとか、ポンマー等の当時のオーケストラの音色を模倣した笛をたくさん取り入れてくるわけである。だからルネッサンス・オルガンというのは、ルネッサンス・オーケストラのオルガン化とも言える。ゴシック・オルガンがそれまであって、その音を持ったオルガンの上にルネッサンス・オーケストラの音を加えていったのである。これは一つの、多目的オルガンのようなものである。バロック・オルガンは、特に北の方では、ルネッサンス・オルガンあるいはゴシック・オルガンの両方の特質を持ったオルガンを引き継ぎながら、何千人という会衆の伴奏をする楽器として考えられたわけである。

それら三つの要素を取り入れたのが、北ヨーロッパのバロック・オルガンである。そのような複合した要素は、オルガンではいつの時代でも求められていた。しかしそこには、限界があるだろうと思われる。一つの物理的な限界を例に挙げれば、笛は一つの共鳴体であり、共鳴体というものは音が鳴った時に、それに共鳴する。周りの音のエネルギーを吸収して自分が鳴り出す共鳴吸収という現象を起こすわけである。だからオルガンが大きくなればなるほど、オルガンには音を吸収する笛が増え、鳴りにくくなるという宿命を持っている。一本の笛があり、それが鳴っている時に、その周りにたくさん同じピッチの笛を並べれば、その一本の笛の音は、どんどん他の笛に吸収されていく。だから、笛が一本の時よりも、音は小さくやせていく可能性がある。そうすると、何千本、何万本というパイプを取り入れて、オルガンを造ると、その中の一本の笛は、より小さいオルガンの中にあった一本の笛よりも、貧弱な音しか出せなくなる。そういう意味で、オルガンを大きくしたために、かえって貧弱になるということが物理的にも起こり得るので、そこに一つの限界がある。

十六世紀までのヨーロッパ全体で均質だったと思われるオルガンに、他の笛を加えた時に、あるいは、以前と同じ造り方をしながらもっと別な笛を加えたルネッサンス・オルガンが出来た時、その新しく加えられた笛、発明された笛に合わせてもともとの伝統的なゴシック的なものも、新しくオルガンが造られる場合には、多少変形されるのである。

地域ごとに違った変形のされ方がなされるから、ゴシック的なもの、基本的なものであっても、地域ごとに変化してきている。例えば、十六世紀的な一段鍵盤のプリンツィパルだけのオルガンがあった時に、ある地域では、それにリュック・ポジティフ（一番下の手鍵盤で操作されるオルガンで、オルガニストの背後に笛があり、バルコニーの手すりの部分にオルガン主部と離れて設置される）を加えて二段鍵盤のオルガンができていた。

ある場所では、ゴシック・オルガン（一手鍵盤）に小さいペダル鍵盤を加えて、マニュアルとペダルでオルガンができていた。そのオルガンの第一手鍵盤の部分は、どちらのオルガンも共通した十六世紀からの伝統を受け継いできている。すると、それを一つにまとめれば、二段鍵盤、ペダル付オルガンができるわけである。その時に、主鍵盤の音をどちらのタイプにするかということが起きてくる。

もともと、十六世紀から来ていても、ペダルを使った時の手鍵盤の音は少し変更されただろうし、リュック・ポジティフが生まれた地域での手鍵盤の音も少し別な方向に変形されている。それらを寄せ集めた時には、手鍵盤は三台いるかも知れない。

そういう形で、違うタイプの楽器を組み合わせるという時には、全ての部分にわたって、複雑な、しかも妥協しなければならないようなことも出てくるはずである。妥協というのは、妥協の産物としていくらか欠陥を持った部分が残るから、いつでも、プラスにはならない。だから、現在のように、あらゆるものを弾きたいので大きな楽器を造ると、音響学的にも一つの危険を持っている。その上いろいろな鍵盤の地域ごとの特色を混ぜ合わせるために起こる、妥協からくる欠陥というものが出てくる可能性を本質的に持つことになる。

様式を形造るには

そういうユニヴァーサル・タイプのオルガンというのは、今から一〇〇年後、二十世紀の一つのタイプとして認識されていくのではないかと言う人がいるが、私はその見方には悲観的である。なぜなら、現代は、伝統というものがほとんどなくなって途絶えてしまっているからである。

ドイツのバロック・オルガンを造る伝統、あるいは南ドイツのロマンティック・オルガン建造のノウハウがドイツに現在残っていて、この二十世紀のオルガン・ビルダーたち、ドイツのオルガン・ビルダーたちが、現在残っている二つの伝統を、織り混ぜて現代オルガンを造るのであれば、それはどんな欠陥があったとしても、二十世紀の産物として、後世に残っていくと思う。しかし、具体的技術がこのように途絶えた現在のヨーロッパの状態のままではだめだと思う。板のけずり方とか、鍵盤の調整の仕方とか、非常に具体的な職人の日常的な作業から、バロック・オルガンもルネッサンス・オルガンも、ロマンティック・オルガンも造り出された。ごくあたり前に職人たちがやっていたことというのは、本にも書いていなければ道具も残っていない。だから、本当の意味での伝統というのは、八割がたは残っていない。今造られているオルガンというのは、そういう伝統と断絶している（これはほとんど意識的にそうしたのだが）。

というのは、十九世紀の産業革命以後の、技術革新の中で、父祖伝来の手作業というものは非常に軽蔑され、鉄工所や、自動車製造会社で使っているような機械を取り入れることが良いこととされた結果、それまでとは違う造り方がされ始めた。だからその中では、伝統的な手の技術というものは古くて模倣する価値のないこととして、この十九世紀末から二十世紀の初めにかけて失われてしまったのである。

アラブで生まれてヨーロッパにオルガンが伝えられてから、バロック・オルガンが生み出されるまでに、千年近い年月が経っていて、その間に培われてきた技術というものは、非常に厚みがある。それは試行錯誤の結果生まれた技術であるから、現在それを失ってしまったということはまことに残念なことである。オルガン造りの歴史の中では、今世紀の初めの頃から、A・シュヴァイツァーのような人が部分的に気がついて、声を大にして言っているが、今だにそれは充分回復されないでいる。

ごく一部で再び研究が始まり、その試験的成果が少しずつ上がっているが、まだ広く受け入れられていない。だから、そういうノウハウの失われた状態での、全く違う技術による、例えば、尺八を竹で正しく造ってみたことのない人がプラスティックで成形して造る、というような状態だと思うのである。竹でいつも造って、うるしで仕上げたことのある人が、プラスティックで造るのであれば、話は別である。

本来、オルガンが造られるべき素材と、千年かかって積み上げてきたノウハウというものを、今のドイツのオルガン・ビルダーの祖父は知っていたと思う。しかし父の時代にはもう伝わっていないので、今の人々は、全然知らない。だから、そういう千年の伝統を知らずにプラスティック成形技術のような、いわゆる先端技術で造っているオルガンは、伝統的なオルガンとはだいぶ異質なものである。その技術で伝統的なオルガンのいろいろなスタイルを混ぜ合わせようとしても、後世に残るようなものが出来るとは思えない。

それゆえこれが現代のものとして将来残るであろうと言った人の意見は、内状を知らない、非常に好意的楽観主義であると思う。それでもやはり、これからもほとんどのオルガン・ビルダーが、一つのオルガンでなるべく広い様式をカバーしようということに努めるだろうと思うし、私もそうするだろうと思う。しかし私は決して、いつの時代かにあらゆるものが可能な、本当にユニヴァーサル・オルガンが出来ると思ってやっているわけではない。

違いの認識

オルガンを構成するいろいろな要素、一番目立つのは笛だが、それだけではなくて風箱の形態とか、風圧の問題、ダクトの大きさの問題、内部機構の問題、トラッカーの造り方、そういった細かいあらゆる要素が複合的に関連し合って一つのバランスを保ち、様式を形造っている。そういう意味で、イタリアやスペインの低い風圧の楽器と、北ドイツのような、それに比べると高い風圧を持った楽器を混合しようとした場合、実際、そこにもう物理的限界がある。ある人はその時に、一つの鍵盤を風圧の高いドイツのハウプトヴェルクにして、もう一つの鍵盤を風圧の低いイタリアのオルガンにしたらいいだろうという。それはその限りでは正確だが、そのオルガンにペダルが欲しくなる。

そうするとこのペダルをどうするかという問題が出てくる。ドイツ・スタイルの手鍵盤の音に合わせたペダルにするか、イタリアの音を持ったイタリア手鍵盤に合わせたペダルにするか、どちらか一方にするか、両方共必要か。普通はどちらかに、あるいはその中間的なものということになる。風圧において、あるいは笛の設計において中間的なもの、そうなると、ドイツの作品を弾きたいために、ドイツの手鍵盤とペダルを使った時に、ペダルにドイツ的強さがないということとになり、このペダルは良くないということになる。それでは、次に、イタリアの作品を弾く時にどうかというと、イタリアよりもドイツ寄りに造ってあるペダルが強すぎる。だからそのペダルはイタリアのものを弾く時にはだめだということになる。

結局、どちらにもだめなオルガンができてしまうことになる。それでは、今度はレバーで切り換えられるドイツとイタリアの二つのペダルを持つことが考えられる。すると、別に笛を持たなければならなくなり、共鳴による音の吸収によって笛が他の笛の音を邪魔するということが出てくる。これらの問題を解決しようとして、これからもいろいろな試みがなされるだろうが、こういうことをやればやるほど、その範囲を広げれば広げるほど、欠陥が大きくなっていく宿命を持っているわけである。

一番いいのは、もうそれを止めて、イタリア、ドイツ、フランス、スペイン等の各国のオルガンを一つのホールに、あちこちの壁に置けば良いのであるが、これは、他の面で具合が悪い。つまり、決して解決できない問題なのである。だから、ドイツとイタリアを複合するという突飛なことは止めて、北ドイツと南ドイツの要素を取り入れる。例えば、ペダル鍵盤はその中間的なものにすると、その中間的なものまでの距離がどちらのオルガンからもそう遠くないために、実際の演奏上では演奏者以外には、気が付かないというところがあるかもしれない。その辺を良識あるオルガン・ビルダーは目指すだろうと思う。

非常に厳格な人、あるいは演奏家、また聴衆も中途半端でなく、不便でも、もっと純粋な楽器を好むかもしれない。いずれにしろ、それだけ相入れないほどの違いが存在するのであり、比較的似た様式である場合には、複合ということ、あるいはその中庸を取ることが、経済面のバランスを考えると、良いと判断されることもあるだろう。

その場合には、そのオルガン・ビルダーは両方の様式について知り尽くしている必要がある。例えば、アルプ・シュニトガーやカヴァイエ・コル等の巨匠は、ほとんどの場合、一つの様式について巨匠だったのである。だからそういう人を凌駕する人が出てこなければならないわけであり、それは将来可能かも知れない。

しかし現代のオルガン・ビルダーを見ると、カヴァイエ・コルやアルプ・シュニトガーよりもっと良いオルガンが造れると豪語する人はおそらくいないだろう。両方を統一したオルガンが造れるというビルダーがいたとしたら、ベートーヴェンよりもワーグナーよりも偉大であるから、二人の様式を混合できるのだと言うのと同じくらい、おかしなことである。今の時代はそういう時代である。オルガン建造史の中で決して特別に優れた時代とは言えない。それでもそれを目指して努力することは一向に差しつかえないことだし、私もやはりそうするだろう。

垣根を越える

そんなにタイプが違うと言うと、オルガンというのは非常に不便な楽器と思われるかもしれない。北ドイツで良いオルガンがあった場合に、そのオルガンで南ドイツのオルガン音楽はまるでだめなのかというと、少し調子が違ったり、感じが違ってはくるが、だめだということはないのである。

ピアノという楽器があって、ピアノのための作品がたくさんあるが、それにもかかわらず、ピアノでピアノのためでない音楽を弾く人がいる。オーケストラの作品を編曲して弾いたり、オルガンの作品を編曲して弾いたりする。そういう場合、オルガンの作品を編曲して弾くために、ややオルガンに近い音が出るピアノというものを造ろうとする人はいない。バッハのオルガンのフーガをピアノで弾くという場合には、その作品がオルガンの作品であることを充分わきまえた上で、ピアノで弾くのである。それは一つの編曲だが、立派な音楽的価値を持つ演奏活動である。

オルガンとピアノほど違う楽器でそれができるなら（その時に、ピアノは良いピアノでなくてはならないが）、北ドイツの良いオルガンで、南ドイツの音楽を立派に演奏できるのである。その方が、北ドイツ風でも南ドイツ風でもないオルガンで、南ドイツの作品を弾くよりは、ずっと、音楽的に満足できるのであり、もっと離れた様式のものについても、できるはずである。スペインの音楽を北ドイツの良いオルガンで弾くこともできるのである。その場合、その作品が書かれたオルガンの音がはっきり意識されていて、しかも、今弾いているオルガンの音の性質が意識された上で演奏者が演奏をする。

そういう意味で私はオルガンという楽器を様式的にあやふやなものでなくて、しっかりしたものとして造るということは、実はその様式を超えた作品が、演奏できるのだということになると思うのである。単にこのストップがあればあの音楽が弾ける、あのストップがあればあの音楽が弾けるというような問題ではない。

教会でどう扱うかということになると、オルガンの歴史を見てはっきりしていることは、会衆の讃美歌を伴奏するオルガンか、そうでないオルガンかということで非常に大きな差が出てくるということである。例えば、ドイツ語の讃美歌は非常に子音が強い。そのせいか、ドイツ、特に北ドイツのオルガンというのは、笛のアタックが、他のオルガンに比べてやや強い。

音を調整、整音する人の耳の中にある言葉の響きというものが、オルガンの音に自然に反映して地域による言葉との関連が生まれてきていると考えられる。

コンサート・ホールの場合には、どうなのだろうか。やはりある程度、この時代と地域性、どの時代のどの地域で発達したオルガンの様式を中心に置くかということは選ばなければいけない。

Ⅱ

オルガン旅行

ヨーロッパ各地のオルガンを訪ねて歩く、いわゆる「オルガン旅行《ツアー》」を何回か続けてきたが、第一回目は一九六六年に小人数でレンタカーを借りて回る個人的旅行だった。一九七一年には交通公社と提携して、多くの人に呼びかけ、イタリアから北ドイツまで旅行した。これは一回限りの旅行だったが、一九七六年からシリーズで、ヨーロッパのそれぞれの地域を毎年訪ね、これは八年間続けた。

オルガン旅行に参加した人を見ると、音楽を職業にしていないが、オルガン好きというアマチュアの人が一番多かった。オルガンを勉強している人というのは、予想したよりも少なかったが、次第に若い人も増え、いろいろな層の人が参加した。

おもしろいことに、オルガンを勉強している人は、オルガンについて先入観ができていて、それにあったものだけを見ようとする傾向があった。例えば、フランクの曲を勉強した人は、どこへ行ってもフランクを弾いてみたくなる。しかし、フランクが使ったオルガンというのは、オルガンの歴史の中でも非常に特殊なもので、限られた時代の限られた地域のユニークな楽器だったので、違うタイプのオルガンの所にいくと、フランクは少し弾きにくい。それでとまどいを感じる。オルガンを専門に勉強した人の多くは、少なくとも二段鍵盤とペダルのある楽器を弾いてきたので、鍵盤が一段だったり、ペダルが無いオルガンでは、意外と楽しめなかったようである。ペダルのあるオルガンはオルガンの歴史の中では、フランクのオルガンほどではないにしても、特殊で、これらの小さなオルガンに接した時に、全く白紙になって対峙することができない人もいた。そのために自分のイメージしていたオルガンと違うことばかりが気になって、違和感の方が先にたってしまったという残念なケースもあった。

多くの人は、もっと自由に、意外性に出会うのが旅のおもしろさだから、今まで自分が考えていたのとはまるで違う世界があるということで、楽しい旅行をした。鍵盤一段でストップの数も一〇個程度という小さな楽器が、音楽的に非常な力を持っていて、美しい音がして、ある場合には、音も非常に大きかった。例えばオランダのオーストハウゼンの教会で、人々が大して期待もしなかった所で、素晴らしく優れた小さい楽器に出会い、そこで良い演奏を聴けたということもあった。

そうかと思うと、いろいろの本にも載っている有名なオルガンの所で、高名なオルガニストが親切に一所懸命弾いてくれるのだが、音も演奏も良くなくて、いつのまにか皆がいなくなってしまったりして、我々世話役は、取り繕うのに苦労したこともあった。

ハンブルク、ウィーン、ザルツブルク、パリなどの大都会の大オルガンというのは、今世紀になって、間違った修復が行なわれた結果、音が悪くなっていて、しかもオルガンが非常に衰微した時代のオルガン演奏のスタイル、悪習から抜けきれないいわゆる大家たちが、一所懸命演奏してくれても、活き活きとした音を聴いてきた人たちには、ほとんど直感的に分かるのである。音が鳴り響いている所で、そのオルガンの音にもまた演奏にも全く興味を失って、あくびをしている。気が付いてみると聴衆は、そのオルガニストと私たち、それに少数のオルガンの専門の人たちだけになる。専門家たちは、自分たちが勉強したことと非常に近いことが、そこの演奏に表われてくるので、かつて知った懐しい世界という思いでそれを聴いている。しかしアマチュアの人たちは、さっさと悪びれずに消えてしまう。このようなことはほとんど毎回の旅行で経験した。

どんな世界でも同じだと思われるが、専門家はディテールがよく分かる。例えばフーガが演奏されている時に、あの内声の処理が悪いとか、テンポが変わる時に、この人はテンポの取り方が少し不自然だったとか、みんなと違うとか、ここでなぜ鍵盤を交代しないのかとか、そういう個々の出来事にこだわる。そのために、鳴り響いている音楽の出来事や全体のバランスや音色の美しさというものが分からなくなってしまう。「木を見て森を見ず」ということが、専門家にありがちである。

オルガン旅行中にも、そういうことがしばしば起こった。アルプ・シュニトガーの楽器を見た時、名人の造った楽器ということで、こういう音が良い音なのかと聴く。そういうことも大事であるが、無名のオルガン造りが造ったものであれ、新しいオルガンであれ、古いオルガンであれ、そういうことにはとらわれないで、そこに鳴り響いている音が良い音であれば良いと、そのまま感じるような感受性が大事である。
鳴り響いている時に、人の意見を聴き回ったり、オルガンの所に行ってそれが誰が造った楽器だから、良い音だということにとらわれすぎるのは、本当に聴いたことにはならない。

オルガンの魅力

オルガンがこんなに一つずつ違っていて、どうして魅力があるのか改まって考えると、よく分からない。これは、声楽に似ているのではないだろうか。ソプラノのための曲があるとする、それを誰が歌うかで、その人の音楽に対する考え方やその人の声が違うから、違う音楽が現われてくる。

それはオーケストラについても言える。あるオーケストラの演奏と別の国のオーケストラの演奏とは、両方とも優れていて、お互いに違う。そういうおもしろさのほかにもう一つ関わってくるのは、オルガンという楽器はそれぞれ大きさが違うということである。オーケストラの場合は一〇〇人のオーケストラのための作品と、三〇人のオーケストラのための作品とは別の作品だが、オルガンの場合には、バッハのト短調フーガを弾く時に、三段や四段鍵盤の大オルガンを使っても弾けるし、一段鍵盤のペダル付きオルガンでも弾ける。

作曲者もそういうことは知って書いているわけだから、楽器の違いによる変化は、一層大きいのである。三〇人の室内オーケストラと一〇〇人のオーケストラとが、一〇〇人の方が大勢いるから、質的に優れているということが言えないのと全く同じに、オルガンの場合も大きさと楽器の良し悪しと魅力というものとは、おのずから別のものである。

ある人々のように、大きいオルガンの方がいいと単純に言えるとしたら、一番大きいオルガンの演奏を聴けば、あとのものはそれより劣ることになってしまうが、そうでない所に、オルガンのおもしろさがある。楽器の性質や音色や国の違いによって、違った味わいの音楽となって表われてくる。

オルガンの演奏を楽しむ場合、そこに三つの要素があると思う。まずその作品自体に対する興味、次にその作品を自分の音楽として解釈し、演奏していくその演奏者の音楽性に対する興味、最後にその時使われている楽器の持っている音そのものに対する興味である。この三つの比重は、ほとんど同じではないかと思う。

しかし、現在の一般の音楽愛好家の受け取り方というのは、多くの場合どちらかというと、演奏家に一番比重がかかっているように思える。そして、誰の作品を弾くかということが、次に関係してくる。他の音楽の場合には、オルガンほど使う楽器による変化の振幅が少ないから、当然その二つ（演奏者と作品）にみんなの関心が集中するのだろうと思う。しかしオルガンの場合には、前二者に劣らないだけの変化と興味とが楽器そのものにある。

作曲家が曲を書き続けた時の楽器との関連をみてみよう。セザール・フランクはサンクロティルド教会のオルガニストとしてオルガン曲を書き続けた。彼は慣れ親しんだカヴァイェ・コルの造ったオルガンが気に入っていた。だからそのオルガンで、長くオルガニストをしながら、作品をたくさん書いていったのである。

バッハの場合には、もう少し話は複雑になるが、アルプ・シュニトガーのオルガンを非常に好んだ。シュニトガーの造った北ドイツの大型オルガンのペダル鍵盤の能力というものに大変興味を示した。また、自分の勤めている教会や、周りの教会のオルガンの改造や製作についてもいろいろ意見を述べている。ケーテンの宮廷で彼はカペルマイスター（音楽監督）を長く勤めたが、そこには小型のオルガンがあったが、オルガニストとしては、充分満足していたわけではなかっただろうというのが大方の見方だし、また、死ぬまで勤めたライプツィヒ（東ドイツ）のトマス教会オルガンについても特別に好んだということではなかったらしい。彼はオルガンだけでなく、そこの聖歌隊にもオーケストラにも不満足だった。

バッハの場合には、一つの理想的なオルガンを、いつも念頭において作曲活動をした。実際、弾いている楽器とは少し距離をおいて作曲活動をしたようである。彼の使っていたオルガンがその当時の最高の楽器でなかったにしても、当時のオルガン造りのレベルは、非常に高かったから、彼の使っていた楽器が、貧弱なつまらない楽器だったということではない。ただ彼の活躍した中部ドイツにはないシュニトガーのようなオルガンにもバッハは興味があったし、あるいはバッハの頭の中にあった理想的オルガンのために作曲したようにも思われる。フランクのように、自分が今弾いているオルガンに充分満足していたという、幸せな人もいたが、バッハの音楽は当時存在した最良のオルガンより、もっと先へ進んでいたということだろう。そして当時の最高のオルガンを凌駕する楽器が今後現われるという保証はない。

形の魅力

オルガンの魅力のもう一つは、形である。オルガンの形は、歴史的に出来上がってきた。例えば、北ドイツのバロックのオルガンは、はっきりした形を持っているし、イタリアの十五世紀から十九世紀にいたるオルガンは、一つのはっきりした形を持っている。しかし、その形は単一でなくその中にあらゆる変化がある。非常に美しく整った落ち着いた楽器もあれば、グロテスクと思えるほど、不思議な形をした楽器もある。背の高い楽器もあれば、横に幅の広い楽器もある。表の笛が全部、一直線に平面上に並んでいる楽器もあれば、前後に激しく凸凹をしている楽器もあるというように、それぞれの様式感というものの中にあって、非常に大きな振幅がある。

ヨーロッパを旅行する人で、たまたま自分が訪ねた時に、演奏されていなかったということで、オルガンの音が聴けなくとも、オルガンの形だけを見て、楽しんでくる人は随分いるし、ヨーロッパの人たちもそれを見物に教会堂にしばしば来ている。見るだけでも楽しいし、その音を聴くと、形と音とにどことなく関連性があるようで、厳しい形をしたオルガンは、音も厳しいし、暖かい線、柔らかい線で囲まれた楽器は、そのような響きをすることが多い。

一〇〇年、二〇〇年と経った古いケースの中がすっかり壊れてしまったために、後世のオルガン・ビルダーが、全くオリジナルと違う楽器を造ることがある。外の木のケースとフロント・パイプを残して、あるいはフロント・パイプも含めて、新しく造る場合があるが、優れたオルガン・ケースの中に新しいオルガンを造った場合、そのオルガン・ビルダーが自由に造ったよりもいい音で鳴るということも往々にしてある。やはり、ケース自体の響鳴が良いし、またそのケースの持つプロポーション、ケースの幅と高さと奥行きとの関係から、中に入るオルガンの寸法が制約されることで、自ら良い寸法になり、それで、ふだんその人が自由に造っているものよりも、優れたオルガンが出来ているということはよくある。

ケースの視覚的な美しさは、もともと内部からきているから、ケースだけが残った場合でも、優れたオルガンのケースの中に、それほど腕のよくないオルガン・ビルダーが造っても、いつもよりは良くなる、というおもしろい現象が起きる。そういう観点からケースのおもしろさを見て歩くことは、単に視覚的問題ではなくて、音響的なことを観察することになる。まさに、形はオルガンそのものだと思うので、オルガン造りは心しなければならない。

人がそれぞれの顔を持っているように、オルガンも顔を持っていて、顔が楽器の個性を表わしている。美しい形を造ることが良いオルガンを造る一つのポイントである。しかし、そこに一つの制約がある。即ち、その形というのは、オルガンの形でなくてはいけないということである。

それぞれの地域で一〇〇年、二〇〇年という歳月をかけて造り上げられてきたスタイル、北ドイツ・スタイルやオランダ・スタイルという枠を逸脱してしまうと、未発達で未熟なものに終わってしまう。人間一代で出来ることは限られているから、これはやむをえない。十九世紀から現代にかけての大多数のオルガンが、良い音がしないということの一つの原因はそこにある。スタイルが自由になり過ぎてしまった。まだ十九世紀以後のスタイルというのは出来上がっていな

ハーレムの教会堂内部 オランダ，1735年，C.ミュラー建造

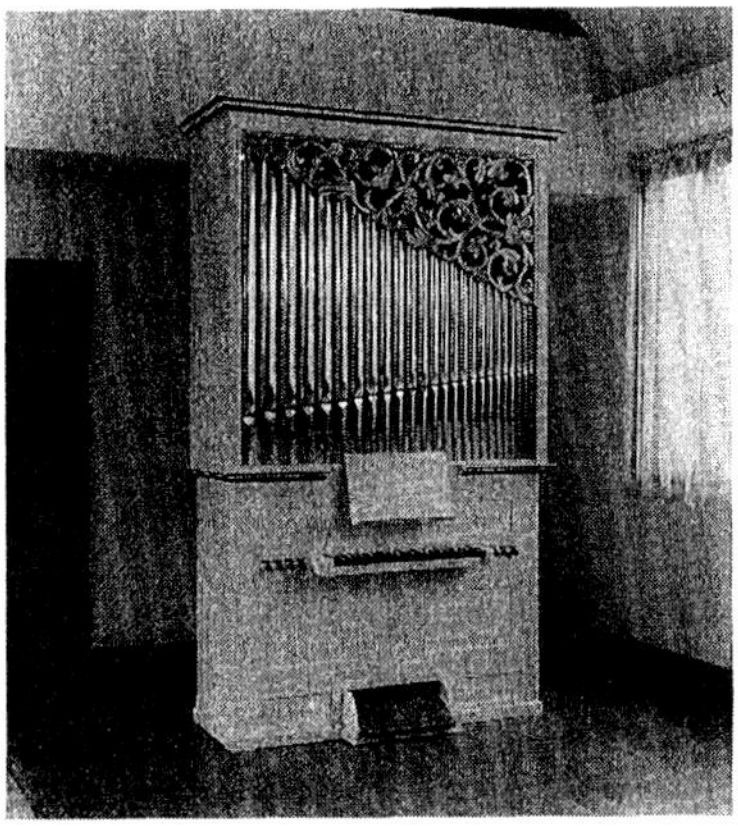

鵠沼めぐみルーテル教会のオルガン 藤沢市，1975年，辻オルガンＯＰ－17

いので、良い音がなかなか出てこない。この時代のオルガンのデザインの多くは建築家たちが手掛けている。パイプにはいろいろな長さがあるが、彼らは全く視覚的見地から、その教会堂なりコンサート・ホールの内装の延長として、パイプを自由に並べ、アレンジした。十九世紀から二十世紀にかけて、造られたオルガンは音についての配慮はほとんどなされていない。デザインというものが、楽器の内部から出て来ていないから、無理がある。聞くべき相手でない人に、デザインについて聞いてしまったオルガン・ビルダーが悪い。

建築家には責任は無いかもしれない。オルガンの笛というのは、並べ方は自由であると聞いていてそうしたのかもしれない。オルガンの形には、一番初期の形、小型の楽器で今でも使われている形は、半音階に笛を並べる形で、そうすると、正面から見ると三角形になる。これは、ピアノやチェンバロやハープの形である。しかし、少し大きな楽器になってくると、隣にある笛が半音だと、不協和音だから音の共鳴がよくない。視覚的にも不安定だということで、左右対称に並べていった。そうすると、正面がM型や凸型の笛の並べ方ができる。そうして笛は全音階で並ぶわけである。この方が音響的にはより好ましいのだが、そのすぐあとで人々は、笛を長三度の関係で並べるようになった。隣同士にくる笛が、長三度、ドとミ、あるいはミとソの♯という関係で笛を並べた。長三度というのは音楽で使う協和音であって、そうすることでオルガンの中での共鳴が一段と良くなった。

この並べ方は、非常に幅広く受け入れられて、十五世紀以来、イタリアから北ドイツまで、あ

図1　オルガンの内部

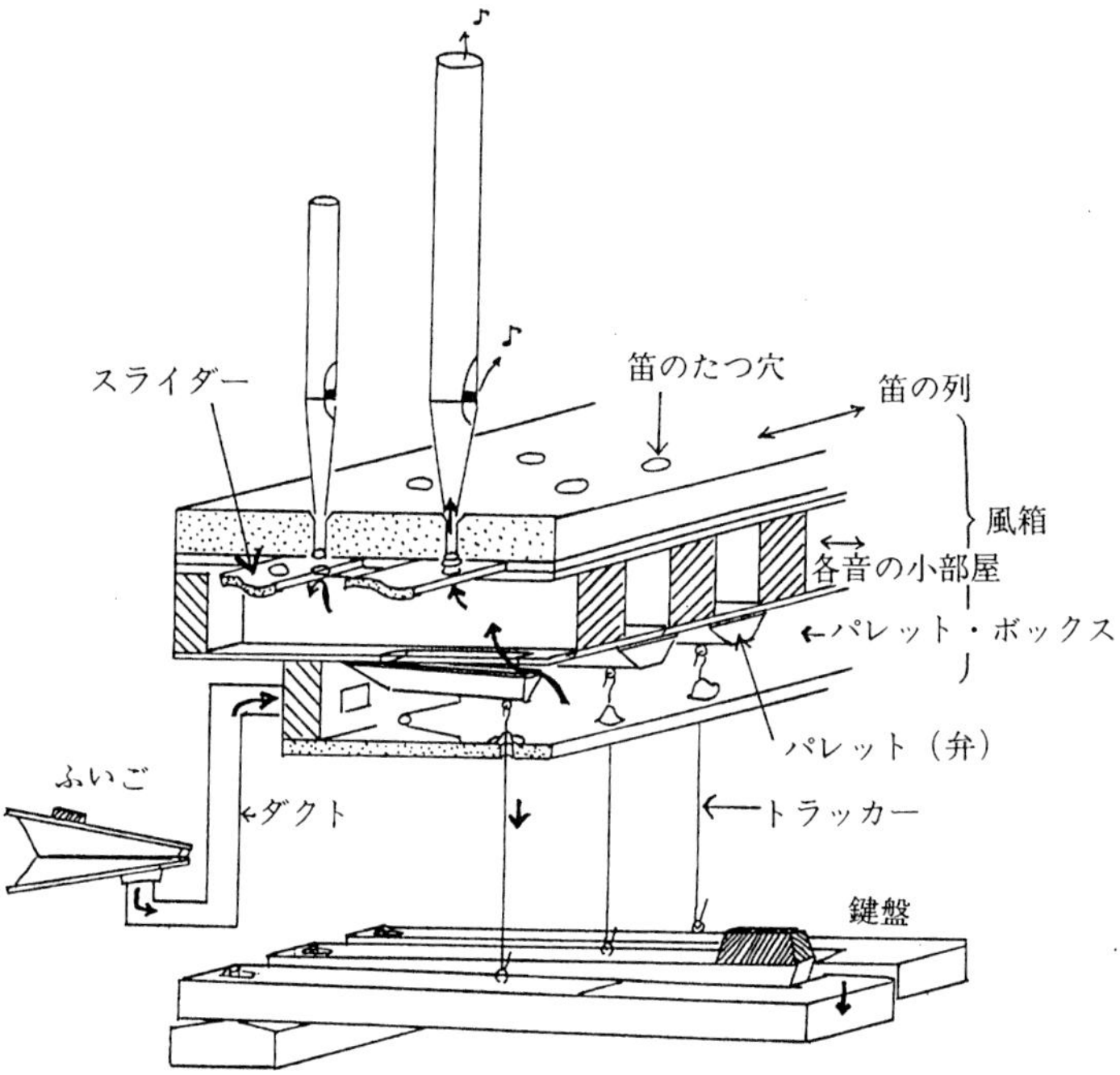
スライダー
笛のたつ穴
笛の列
風箱
各音の小部屋
パレット・ボックス
パレット（弁）
ふいご
ダクト
トラッカー
鍵盤

るいはスカンディナヴィアまで広まった。その後、いろいろなスタイルのオルガンが出来たが、どのオルガンにもこの長三度の配置というのは受け入れられている。視覚的には非常に律動感にあふれた形である。ハーモニーというものは、人工的なものではなくて、物理現象だから、物理現象にのっとった、しかも律動的なケースというものが生まれたのである。そういう経緯が伝統というものなのである。

自由にパイプをアレンジする人たちは、そういう物理現象を無視しているのである。自然なものがよく響くということが、経験的にオルガン・ビルダーの中に残ってきた。それが伝統というものだが、そういうものを無視したデザインのオルガンが、無残な結果になったのは、今になってみれば、当然なことなのである。残念なことに、今でも建築家あるいはオルガン造りの中にもそういうことをはっきり気付かない人々がいる。

先天的感性と経験

多くのオルガンを聴くことで、良い音、良い響きとは何かが自分の中で少しずつはっきりしてくるのだが、そのことを少し述べてみたい。

良い音だと感じる場合、そこに二つの面がある。一つは、経験から蓄えられてきた感性というものであり、良い楽器をたくさん聴くことによって生まれる判断力である。二つは、人間の耳が先天的に持っている性質である。例えば、一秒間に音波の震える回数が、四四〇回の音と八八〇回の音を聴いた時に、一オクターヴとして、高いドと低いド、あるいは、高いラと低いラというふうに感じるということは、いくらかの音楽的な訓練は必要だが、ほとんどこれは先天的なものである。

鍵盤上の右の方の音を高いと感じ、左の方の音を低いと感じる。それを太い音と細い音と感じてもいいし、白い音と黄色い音と感じてもいいわけだが、ほとんどの民族でこれを高い、低いと言う。地球の中心に対する上下と同じような感覚を周波数の振動数の違いに対して感じることは、人間の生まれながらのことであって、そういう生理的なことの中に音の良し悪しを感じることも含まれているということである。

音の良し悪しというのは要するに、その音が鳴った時に、気持ちが良いか、気持ちが良くないかということである。非常に気持ちの悪い音、例えばガラスをこする音ばかり聴かせて、それがだんだんその人のいい音の標準になるということは起こりにくい。そういう音を聴くと、生理的不快感に陥るということは変えられない。経験を積み重ねることで、その両方から人は音の良し悪しを判断するのである。しかし経験というのは、オルガンをたくさん聴いたということだけでは必ずしもない。いろいろな良い音楽、美しい話し声をたっぷり聴いている人は、やはり、音の美醜について敏感になるだろう。そういう人が、オルガン旅行に興味を持って参加するのかもしれない。それで、私たちが驚くほど正確な判断をするわけである。これに対し、オルガニストの方が、普段いろいろな条件から、悪い楽器にばかり接していて、しかも知識は豊富なものだから、あるオルガンが鳴った時に、音の良し悪しではなく、いろいろな小さな事柄に目が向いてしまって、意外と楽器の良さということに対しては判断を誤まることがあったりする。

ふいご

オルガン旅行に参加した人が、初めて見た時に特別に興味を示すのは、ふいごである。ヨーロッパの古いオルガンには、まだ手動のふいごがたくさん残っている。

オランダの北の方の田舎で、私たちがオルガン旅行にいった最初の頃は教会堂に電気がまだひかれていなかったところがあった。小さい田舎の祠《ほこら》のような教会で、近所の白髪の気品のあるおばあさんが来て、ふいごを踏んでくれた。我々には「ああだめだ。これはこつがあるんだ」となかなかやらせてくれない。他の人がやってみると、いくつかあるふいごを順番に踏んでいくタイミングを間違えて、演奏している途中、音が消えてしまったりする。畳よりもっと大きなふいごが小さなオルガンでも二つないし三つあって、足でレバーに体重をかけて踏むのである。

一方、イタリア、フランス、スペインの方に行くと、ロープを使い、滑車やてこを作ってふい

足踏みふいご　ハウダ，オランダ，1736年

手動ふいご　エボラ，スペイン，19世紀

ごを引き上げるような形式なのである。本当にオルガンというのは空気で鳴る管楽器なのだという感じがする。大きな音のコードを弾いた時に、ふいごは下がり始め、そして鍵盤から手を離した瞬間に、ふいごはすっと止まる。あるいは下がるスピードが遅くなる。ふいごの動きは人の肺と全く同じに、音楽に合わせて動いている。オルガンは風で鳴る楽器だと頭で理解していたことを、目のあたりに見て、やはり興味深い。

古いオルガンの中に入ってみると、二〇〇年、三〇〇年と鳴り続けてきた笛が、さびて時代がかって黒ずんで立っている。木も枯れ、塗装がはがれ、虫が食って穴が開いたりしている。造られて以来、ほとんど改造されずにきている。しかもそれが、博物館にしまわれているのではなくて、故障して鳴らなかった時を除いて、日曜日ごとに使われてきている。

南ドイツと北ドイツ

ドイツの楽器にも地域による違いがあり、北のシュニトガーと南のジルバーマンの楽器がよく比較される。

オルガンのレコードをよく聴く人に、北ドイツのアルプ・シュニトガーの音はきつ過ぎて自分には合わない、ジルバーマンの音の方が良いという人がいるが、ここで気を付けないといけないのは、十九世紀にヨーロッパ中で（スペイン、イタリアは別として）高い音の笛、持にミクスチャーの笛が、九割がた捨てられてしまったことである。

今、レコードで聴かれるアルプ・シュニトガーのオルガンなどで高いピッチの笛が鳴っている多くの場合、それは、今世紀に入って、もう一度、造り直された笛なのである。

マルムーティエ教会のオルガン　フランス，1710年，A.ジルバーマン建造

伝統的な北ドイツのバロック・オルガンではあっても、そこの中で鳴っているミクスチャーや高い音、多くの人が自分は嫌いだという音はしばしば、現代の笛の音なのである。まだ歴史的な楽器についての研究が不足していた時期に、改めて造ったシュニトガーの笛のコピーだったりするので、それをもって北ドイツのオルガンの音は堅くて自分に合わないと判断されると大変まずい。

ジルバーマンのオルガンの音の方は柔らかくて良いという人たちの意見についても問題があって、有名なマルムーティエ教会のアンドレアス・ジルバーマンのオルガンのふいごはだいぶ傷んでいるし、またある時代に誤解からふいごの重《おも》りを取ってしまった。つまり風圧を低くしたのである。それで、もともとの音と違って、非常に頼りない音になり、レコードのスピーカーを通すと、やさしい音のような印象を与える。

最近の研究で分かってきたことは、アンドレアス・ジルバーマンのオルガンの音は、アルプ・シュニトガーの音に比べて、それほどやさしい音ではない、もちろんミクスチャーの個性などは少し違うから響きが違うはずだが、レコードを通したのみではジルバーマンはこうで、アルプ・シュニトガーはこうだと即断はできない。私もヨーロッパに行く前はそのような印象を持ったことはあったが、それはそういう事情があるからで、実際はレコードを通して聴いたものと、もともとあった姿というものがだいぶ違う。シュニトガーとジルバーマンは、案外もっと近いものだということとなのである。

素朴なオルガン

ヨーロッパの教会といっても、大都会の大きな教会あり、修道院の大礼拝堂あり、あるいは大聖堂あり、そしてオルガンもいろいろあるわけである。

絢爛豪華な装飾がほどこしてある楽器などを見ると、これは教会や権力者が、権勢を誇るために造ったのではないかと思ったりする。もちろん他の要因もたくさんあって、決して単純なことではないだろう。

それと同時に、現在残っている美しい楽器の多くが、田舎の小さい教会にあるので、私たちはよく田舎の小教会を訪ねるわけである。特に北ヨーロッパは貧しかったので、教会堂は、非常に単純な、ただ石を積み重ねて、四角く、あるいは、長方形になるように四つの壁を築き上げて、その上に木で屋根をかけた、その壁自体も皆の勤労奉仕で建てたようで、直線が出ずにうねっている。そういう教会堂の中に、ほほえましくなるほど、無骨で稚拙な装飾がほどこされているオルガンがあり、良い音で鳴っていて、しかも二〇〇年三〇〇年と使われ続け、今も使われているのを見ると、権力の誇示や財力の誇示ということとは関係なく、本当にそこに住んでいる人たちで、自分たちの宗教心から会堂を建て、自分たちの音楽的な要求から、お金を出し合ってオルガンを造ったのだということが分かる。

本当に田舎の素朴な人たちの気持ちが、そのままオルガンになっているものもあるし、また確かに、貴族たちが金を出して造ったというオルガンもある。金持ちの多い大都会にも、貧しい田舎の農村の教会にも良いオルガンがあるのである。

オルガン旅行の楽しみ

おもちゃがいろいろ付いているオルガンがある。音楽には、ハイドンのおもちゃの交響曲のような遊びがあるが、オルガンの中にもおもちゃが組み込まれている。北ヨーロッパの方で、まっ先に見られるのはチンベルシュテルンとフォーゲルゲザンクト（鳥の歌）というストップである。チンベルシュテルンは普通、オルガンの前に金色をした星がついていて、星の真ん中に軸があり、背後に風車がついていて、あるストップを引くと、オルガンの風でその風車が回る。するとその軸についている星がオルガンの前でくるくる回り、さらにその軸には鈴がたくさん付いていて、ジングルベルのように鳴るわけである。クリスマスや結婚式など愉快な曲を弾く時に使われる。

フォーゲルゲザンクトには水笛のようなものがあり、ストップを引くとその笛に風がいってピッピッピッと連続して鳥のさえずりのように鳴る。小さな笛が二、三本組になり、逆さまに下に

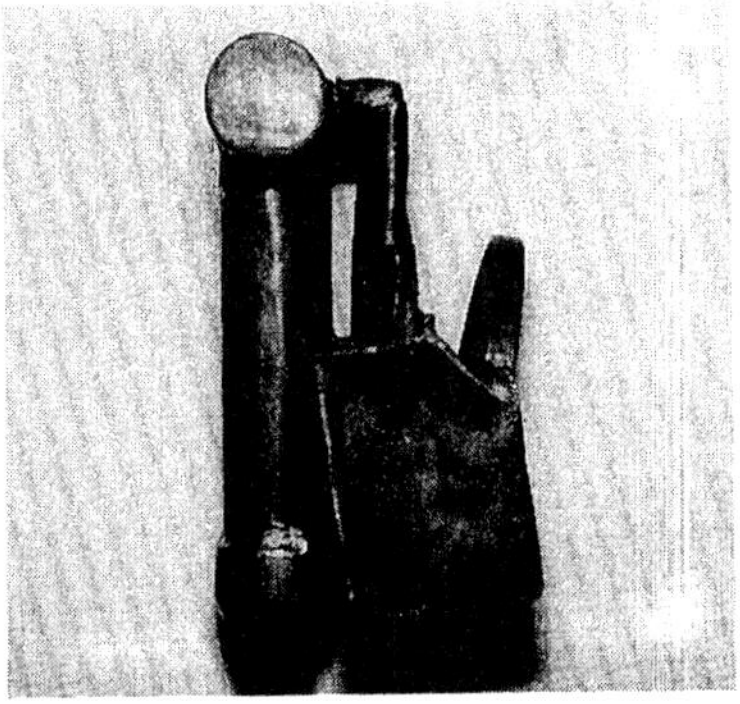

ナイチンゲール イタリアのオルガン，18世紀

風車と鈴 スペインのオルガン，18世紀

向かってついて、笛の先が水の中につけてある。本当に鳥のさえずりのような音を作る。この二つのストップが南のイタリア、スペインあたりに行くと、連続して鳴るのではなくて、ペダルによってリズミカルに使われる。南の方のオルガンでは、ペダル鍵盤が左足だけで操作できるくらい、キイが小さく、少ない。それで、右足でそういう鳴りもののためのレバーを押すと、押した時だけチンベルシュテルンがシュルーンと回るわけである。鳥の方も、もう一つのレバーを足で押すと、笛が鳴り出す。マーチを弾いた時にも、それに合わせて使える。北ヨーロッパのものよりも、もっと効果的に使える。北ヨーロッパでは、ペダルは両足を使うので、そういうものはス

トップで操作する。そのかわり連続してしか使えない。

スペインのサラマンカの大聖堂に、バロックの大オルガンとそれよりもっと古いルネッサンスのオルガンがあり、そのルネッサンス・オルガンの上にはムーア人（北アフリカのモロッコに住む人のこと）の顔が、二つ乗っている。あるレバーを押すと、それが動き、口が開いて、同時に一つのふいごが動く。ふいごがぐいと押されると、風が吹き出て、特殊な笛が人が笑ったような声を出す。

サラマンカでは、その顔がオルガンのてっぺんに付いているが、ある場合には、壁につばめの巣のようにかかったオルガンがあり、そのオルガンの一番下の所に人々の頭の上にぶら下がるかっこうで、ムーア人の頭がぶら下がっている。あらかじめキャンディーなどをその中に入れておいて、オルガニストがレバーを押すと、口がパクパク開いて、あめ玉がこぼれ落ちる仕掛けである。それを子供たちが拾う。日本のお祭りで餅を播いたりするが、それと同じように、お祭りの時などに余興に利用するのだろう。教会に人々が楽しく集うことの表われの一つだと思う。

イタリアにはティンパノという名前で呼ばれている装置がある。一メートル半くらいの木管でピッチの少し異なる二本以上が同時に鳴る。すると、ピッチの周波数の差だけ、即ち一秒間に一〇〇サイクルの笛と一〇五サイクルの笛が同時に鳴ると、一秒間に五回振動が起き、その振動がちょうどティンパニーを連打しているような音を出す。イタリアでもスペインでも、十八世紀にはほとんどのオルガンにそういう鳴物がついていた。これは、ちょうどオーケストラで、マーチの演奏に、ティンパニーが、要所要所でリズムをとったり、激しい連打をするのと同じことをオルガニストが一人でやるためである。十九世紀になるとそれがもっと発達して、ティンパニーだけでなく、トライ・アングルや、タンブリンやシンバルなど、実際のオーケストラで使う打楽器をオルガンの中に組み込んだ。一つのレバーで全部が同時にリズムをとり、ティンパニーもシンバルもトライ・アングルも同時に鳴るようになっている。

これは、オルガンで演奏会をした時にも、大いに活用されただろうが、イタリアの記録を見ると、礼拝の中で好んで使われた。あまり行き過ぎてしまって、十九世紀末から二十世紀初め頃に、教会当局から禁止されたり、オルガンから取りはずすような命令が出たりした。

聖書の中には、「我ら、神の前で喜び楽しまん」という言葉があるが、まさにその言葉どおり、教会の中で人々が楽しんでいる。これは、キリスト教に対する日本人の誤解を解く一つの良い例ではないかと思う。

明治以後の日本にはアメリカの清教徒という非常に禁欲主義的な思想の人たちを通じてキリスト教が入ってきた。それ以来キリスト教というと非常に禁欲主義的な、まじめな堅苦しい宗教という理解が強いが、イタリアの教会の人たちの礼拝の仕方、オルガンの使い方を見ると、まさに喜び楽しむ所がある。毎日毎日がそういう楽しい礼拝である。もちろん、まじめな瞬間もあるし、自分の罪を懺悔する所から礼拝は始まるが、喜びの時間もある。

一つの教会堂の中で結婚式もあれば、お葬式もある。子供が生まれると、両親や親族に連れられて、教会に集まり、赤ん坊に洗礼を授ける。オルガン旅行をしている時に、そういう場面に出会うこともある。ある場合には、そのために予定していたオルガン見学の時間が変更されたり、自分たちで弾くのではなく、結婚式に弾かれるオルガンを聴くことがあったりする。シャルトルの大聖堂に行った時には、ちょうど結婚式があった。

高い所にオルガンがあり、そのオルガンでヘンデルのオルガン・コンチェルトを弾き出した。それは、結婚式の入場の曲だった。花嫁が白いドレスを着て、父親に手を引かれてその曲に合わせて、礼拝堂に入ってきた。そういう場面に出くわすのも、オルガンを使ったヨーロッパの人の生活に、直接触れる予期せぬ楽しみだった。

鳥の歌

オルガン旅行では、クラース・ボルトというオランダのオルガニストがしばしばガイドの役をしてくれた。この人は、即興演奏でも有名な人で、いろいろな時代の即興演奏の習慣を身につけている。

十九世紀は、音楽全体が、かなり俗っぽくなっていたが、オルガン音楽も例外ではなかった。例えば、「ウィリアム・テル序曲」を弾いたり、嵐をオルガンで描写するというようなことが、楽譜にもなって残っている。グリッサンド（指をそろえた手の甲の方で鍵盤を左右にすばやくなでる奏法）をしたり、ストップをどんどん足していって、しまいには手のひらで鍵盤を押さえてしまう。特に低音部の笛を使ってそれをやると、ずしんといった地響きのような音を教会の中に鳴りわたらせることができる。

そういうものを利用した嵐や静けさは、まさに十九世紀の田園交響曲なのである。クラース・ボルトという人は普通のオルガン曲も弾くが、それと同時にオルガンの音色をいろいろ聴かせてくれる時はいつも即興演奏だった。ある小型のオルガンの修復ができて、その披露演奏会で彼が弾いたとき、たまたま私はその演奏会に行った。その日は文化庁の役人や村長等、その地方の主だった人がいて、まず儀式があり、彼が披露演奏をした。聴衆はバッハのような難しい曲をこの大都会から来た人が弾くのだろうと期待していると、彼はその地方の民謡をテーマにして、変奏曲を弾き始めたのである。一曲ずつに題がついている。

全部は覚えていないが、「恋人の語らい」、「嵐」、「嵐のあとの静けさ」、そして最後の曲は、「田園の楽しい語らい」というような題だった。楽しげに、小鳥がさえずるように人々が笑い、ダンスをする、そういう情景をオルガンで即興演奏したのである。最後の終止のところでコーダが入った。まさに最後、バスがドファソドと終わるそのドファソ、次にドで終わるかと思ったところに、最後のドミナント音を弾いて、手をあげ、一番最後の音に行こうとしたまさにその時、一瞬早く、スズメがチュンチュンとさえずったのである。ターターターターッ、チュンチュンチュン、ター、と最後が終わった。そのスズメの鳴き声を瞬間に音楽に取り入れて、一拍待って、自分のハーモニーで音楽を合わせて終わった。そこに来ていた人たちは皆飛び上がるようにして拍手した。教会堂の中に時々、窓から鳥が入ってくることがある。高い天井を鳥がばたばた飛びかっていた。それが、どういうわけかその瞬間にその鳥が鳴いた。それを即座に音楽に取り入れてしまった。

彼の即興でまたこういうこともあった。ある時、古くて、良いオルガンを見学に行った。そのオルガンにはリード管がある。リード管というのは、調子が狂いやすく扱いにくい笛なのだが、ちょうどファゴットの低音部のように、少しおどけた感じがする調子はずれの笛が一列のリード管の中の一音だけあった。ピッチも少し狂っていた。即興演奏をしていたら、変な音が突然「べーっ」と鳴った。最初はボルト氏も予期せぬ出来事だったわけだが、しばらく即興演奏が続いていく間に、わざわざその音を鳴らす。「べーっ」となる。また、「べーっ」と鳴らす。三回目に、聴衆はドーッと吹き出すわけである。

即興演奏というのは、そういう面がある。鳥のさえずりや、オルガンの調整がたまたま少しずれているために鳴るおかしな音も音楽の中に使ってしまう。ハイドンの「おもちゃの交響曲」を作曲するのと同じような心境ではないかと思う。こういうとき、大部分の聴衆は楽しむが一人か二人はふざけていると眉をしかめる。

オルガン言語学

オルガンの違いとして一般的には時代区分と地域の区分が挙げられる。例えば、北ドイツのスタイルで、しかもゴシックからルネッサンス、バロック、ロココと変わっていく。というように地域別、時代別に見る。それはそれでいいのだが、もう少し大づかみにすると、器楽的な傾向を持った楽器と、声楽的な傾向を持った楽器に分けることができる。

器楽的伝統というのは、フランスのオルガンに一番強いと言われている。声楽的傾向というのは、その他のオルガンといって良いかもしれない。

どういうことかと言うと、声楽にはいつでも、言葉がある。だから、音がドレミと上がっていく時に、例えば、ヴァイオリンでそれを弾けば、同じ音色で同じ母音と子音で、音が、ただピッチが上がってくるわけである。ところが声楽だと、言葉がついて、ドレミが、「お早よう」であったりする。そうすると、「オ」という母音、それからHという子音と「ア」という音、「ヨオ」という音、これは、全く違う音色である。すると、器楽的というのは、非常に音がそろっているということになる。全部、同じ音色でもっていくわけである。声楽的というのは、音色が変わっていくということである。

現代のオルガン造りはどちらかと言えば、器楽的な造り方に傾いている。それは、他の楽器がみんなそうだから、そうなのだが、古い管楽器、例えば古い形が今でもかなり残っているファゴットのような楽器を聴くと、かなり声楽的である。出てくる一つずつの音が、違う音色をもっていて、「ア」だったり、「オ」だったり、「ウ」だったりする。そこに魅力がある。

声楽家が全部、母音で歌ったら、例えば、有名なモーツァルトの「アレルヤ」を、ほとんど全部「ア」の母音で歌っていく。声楽で器楽的なことをやることになるわけである。この場合、声楽としては、非常に例外的なものだと思うのだが、オルガンでは、そういう声楽的な変化を好む傾向と、器楽的に統一されたものを好む傾向とがある。

フランスのフレンチ・クラシックからロマン派のカヴァイエ・コルへと、大きくフランスのオルガンは変化していくが、一貫してそういう傾向がある。カヴァイエ・コルに至って頂点に達したと言われている。そういうものを求める人にとっては、他の国の、例えばアルプ・シュニトガーのオルガンのペダルのリード管などは、「ア」だったり「ウ」だったり、ガラガラと音色が変わるわけで、非常に無骨な田舎くさい音に聞こえるかもしれない。しかしそういうことに、おもしろさを見出している人にとっては、フランスのオルガンは、大変きれいだが、すましていて、それだけのことではないかとすぐに飽きてしまう。イタリアのオルガンはどっちに属するかというと、非常に難しい所である。一つ一つの笛の発声の仕方が、確かに声楽的である。弦をはじくような激しいものでなくて、母音が「アー」と歌い出されるような、自然な人の声のようなふくらみを持った発声をするのが特徴である。しかし、いったん歌いだしたあとの持続する音色はかなりフランスと同じように整然とした傾向が見られる。決して定説になっていたり、多くの人が言っていたりするのではないが、私にはそう聞こえる。

それに対して、ドイツ、特に北ドイツやオランダのオルガンは、まさに声楽的な要素を非常に強く持っている。一つずつの音を全部同じ母音で発音させることに熱中するのではなく、単一のストップで弾いていても、ちょうどメロディーに言葉がついて、一音一音を違う母音で、「ア」だったり「ウ」だったり、あるいは子音が入って「カ」だったり、そういうふうに歌っていくように、一つずつの笛が一つずつの音を持って歌っていく傾向というものが見られる。

最も古い伝統の中に生まれた楽器と、宗教改革後、一〇〇年ほど経ってから、教会に集った人全員で歌う讃美歌を伴奏する習慣ができてから、発展した楽器とではかなり大きな差がある。旧いカトリックの典礼で、オルガンが会衆の讃美歌の伴奏をしない場合は、小さい音で鳴っても会堂の隅々に充分響いていくので、大音量を出す必要はなかった。ところがプロテスタントの礼拝で教会堂を埋めた全員が歌う場合、数百人数千人の歌をオルガンが一台で伴奏するので、非常な音力を必要とされる。それと同時にオルガンだけが使われることもしばしばあるわけで、そうすると、非常に大きな音でなければいけないが、同時にあまり大きな音だけでも困るのである。この矛盾した要求を解決していったのが北の国々のバロック・オルガンだった。

その方法というのは、簡単に言ってしまえば、風圧をかなり上げる。すると大きな音を出すが、その時にただ大きな音を出すとやかましい音になってくる。やかましい音というのは、非常に高い倍音を不自然に強く持っているので、激しい音になる。その激しさを避けるために、歌口をなるべく高く切って大きな口を開けてのどを開き、たっぷりした風で笛を歌わせる。

そうすると、倍音はそれほど、強く響いてこないから、キーキーとやかましく響かずに、基音はしっかりと鳴る。基音というのは周波数が低い。人間の聴覚というのは不思議な性格を持っていて、低い音はあまり大きく聞こえずに中音域がよく聞こえるのである。それでオルガンの笛の低音域を充分に鳴らして、中音域から高音域にかけての刺激的な部分を減らした。そのために笛の口を大きく開け、のどを開いてたっぷりした風を通すと同時に、鉛の笛を多く使ったわけである。鉛が高い周波数を吸収して音をふくよかにする。

こういう音は、それだけが鳴っている時には人の耳には、あたかも小さい音のように聞こえてくる。ところがその音と一緒に他のピッチの高い音が鳴り響いてくると、低音の振動というのが他の倍音を引き立てる働きをするので、非常にしっかりした伴奏ができる。そのことが、教会で讃美歌をみんなで歌う習慣ができたプロテスタントの国々のオルガンの特徴になる。

オルガン・ビルダーたちは、会衆が歌う教会である場合には強い力のオルガンを造り、そうでない時にはそれ程力の強くないオルガンを造る。しかし、人の耳には、それほど強弱の差を感じさせない。そういうことができるのである。

例えば人の声でも、近くで聴くとキャンキャンとうるさいが、大勢の人の前で話すと聞こえないというような人もいるし、静かな話し方でも良くとおる声もある。それと同じで、上手に音を出すと、やかましくないが、豊かに響くということがある。

建築との結びつき

オルガンのケース（箱）は、いつの時代にも建築の影響を受けている。現代のケースが非常に単純な幾何学図形によるものが多いのは、現代の建築がそうだからである。高いビルなどを見ると、四角い窓をたくさんはめたただの四角い箱である。完全に装飾性を抜きにした、昔であれば倉庫とか、格納庫のような建物を現代建築は建てている。これはドイツのバウハウス運動の直接の影響らしい。

オルガンも、それが現代建築の流行だということで、一九五〇年頃には単純な箱形、本箱スタイルのものが中心だった。そのもっと前の時代、例えばバロック時代には、バロック時代の建築や建築装飾がそのままオルガンのケースの形や装飾になっている。十八世紀のイタリアのオルガンのケースの柱やひさしや蛇腹と全く同じものが、ボローニャの音楽院の玄関の柱と蛇腹にあったりする。オランダのアルクマーのオルガンのケースやアムステルダムのウェスターケルクのオルガンのケースには、当時の建築と全く同じ勾配を持った屋根があり、柱がある。だから、オルガン・ビルダーは昔から建物の形にオルガンを造った。もっと古い、一三〇〇年代か一四〇〇年代のものと言われているシオンにあるオルガンのケースは、両側に二つの塔があり、真ん中に山形にとがった部分があるが、その飾りは城の塔のように銃眼がうってあり、四角く、でこぼこした形を塔の頭の装飾にしている。これなどは、城の塔の形をそのままオルガンの塔にもってきているという意味で建築とそっくりである。

今世紀になって大流行した真四角なマッチ箱スタイルのケースは、建築の流行から影響を受けているのである。その意味で現代のオルガン・ビルダーは昔と同じことをやっている。しかしそれで良かったと言えないことが一つある。それは、どんな時代も、前の時代のものを否定して新しい様式を生み出してきたということである。建築についても、作曲についても言えるのだろうが、このバウハウスから始まったと思われる現代建築をみると、古いものを否定するという所までは昔の人も同じだったが、新しいものを生み出したかという点では疑問である。捨ててしまっただけではないのか。

それは二十世紀に始まった機能主義というものなのだろうか。これは、飛行機の設計に非常に影響を受けたらしい。飛行機を作る時には、ともかく飛ばさなくてはいけないから風洞実験を重ねて機能的な流線型というものを考え出した。それは美的な基準からではなく、ともかく空中に浮かべるために一〇〇パーセント機能的な観点から考えた。その結果、飛行機の設計ができてみたら非常に斬新で美しいものになった。それは今までのデザインの歴史にはなかったので、実に衝撃的だった。装飾性とか、美しくものを造るということを全く考えずに、そんなことを考えるゆとりがなくて設計した飛行機が流体力学によった結果、非常に美しかった。今にして思えばたまたま、飛行機というものがそうだったのだが、当時の人たちはそれは普遍的な原則だと思ったのである。徹底して装飾的なことを忘れて、ひたすら機能的であった時に美しかった。だから美というのは、そうあるべきだというふうに逆に把えた。建築の分野でも、部屋は普通四角く造るから、四角い部屋を積み重ねていけば全部四角くなる。だから真四角な建物を建てた。それは極めて斬新ではあったが何の美的な要素もなくて、結局人々はすぐに飽きてしまった。一世紀ともたなかった。現在でも、そういうことをやる建築家はいるが、人々はもうついていかない。機能主義に対する極端な反動としてグロテスクな装飾を加えたアパート群などが東京にできている。

機能主義というものが飛行機ではうまくいったが、それがあまりに衝撃的だったため、無批判に建築の分野に取りこみ、ついにオルガンのケースのデザインにまで持ち込んだ時に悲劇が起きた。オルガン造りは昔から形については建築様式に従ってきたが、オルガンは建築でなく楽器なのである。建築様式に従うことでしかも楽器たりえた時代と違って、建築様式に従うことで二十世紀にはオルガンをその楽器としての機能から逸脱させることになってしまった。二十世紀の建築様式がだめになったから、オルガンも巻添えを受けたのである。

古い楽器を見てみると、それぞれの時代の建築、オルガンの屋根の形、柱の形、オルガン全体のプロポーションは黄金比によって造っている。絵画も彫刻もみんなそうだったが、そういうこともやはり建築の影響力から来ている。その黄金比による構成が、たまたまオルガンの形にとって優れた方法だった。視覚的にそうだったように、ケースの音響上からも優れて理にかなっていたのである。

機能と形

オルガンのケースの外観は、内部の笛の配列によって左右されるフロント・パイプの並び方により決まってくる。

時代別にながめてみると、初期のオルガンの形は、笛を半音階に並べたために、大きな笛から小さな笛にずーっと一つのカーブを描いた。ハープやピアノ、ハープシコード等の形と同じように低音の長い所から高音の短い所にいたる三角形が基本だった。これは楽器の基本形であるが、それが十五世紀頃、オルガンの中にローラーボードというメカニズムを利用することが発明されて、任意の方向に動かせるようになったので、オルガンは左右対称に造られるようになった。左右対称というのが一つの完全な形として考えられたからである。人間や動物の形が左右対称であるのと同じように、教会の楽器としては完全な型が望まれたので、それ以後ほとんど例外なくその形で造られてきた。

十六世紀頃、オルガンが対称的に造られるようになり、M型のオルガンなどが造られたのかもしれない。両側に低音の笛を配列し、中央に向かってだんだん両側から小さくなっていくという形である。そのうちに、最低音の笛を塔の形でまとめて、中音域から高音域の笛をその中央部にまとめるとか、あるいは低音を両側にタワーにして、中央にやや小型のタワーを配列し、三つのタワーの間に二つの部分を設けて、そこへ高音部の笛を左右対称に配列する型が次第に生まれてきた。それは視覚的にも左右均等のバランスを持っていると同時に、躍動感を持っている。高い所と低い所、太い笛と細い笛がグループに分かれることによりリズムが生まれる。

それは視覚的に非常に好ましいと同時に、オルガンのケースの中での、あるいはオルガンのサウンド・ボードと言われる風箱の上での笛のお互い同士の共鳴にも役立ったわけである。また、大きなオルガンでは、オルガンの重量の適当な配分にもつながり、楽器が構造的に安定してくる。さらに大きい笛はたくさん風を使うが、大きい笛と小さい笛が適当に配列されることでふいごからの風の流れが無理なく行なわれる。そのように、左右対称に配列し、しかも大小の笛を適当にグループ化してアレンジすることで、視覚・構造力学・音響・空気の配分など全てのことがうまく働くバランスが、一〇〇年、二〇〇年という長いオルガン造りの試行錯誤を経て生まれてきたのである。

このようにして、中世からバロック、ロマン派時代まで、変化・発展の中で、基本的なものは受け継がれてきた。左右対称に造るということは二十世紀の初めまで、基本的なことで、私が知る限り、それを否定したオルガンはない。

オルガンの伝統と機能主義の悲劇

十九世紀の末から二十世紀の初めにかけて電気アクションが導入されて、オルガンの設計上の制約の多くが取り去られた。オルガンから鍵盤を切り離して、電気がその間をつなぐ。電磁石でオルガンを演奏させて、電磁石を遠方から電流でコントロールするという電気アクションができた結果二つのことが起きた。一つは、笛の配列が自由自在になったことと、もう一つは、演奏台とオルガンとを切り離すことができるようになったことで、オルガン本体を天井裏や、教会堂の隣の部屋等見えない所に置いてスクリーンのような所から音がもれ聞こえてくるように作るやり方がとられるようになり、オルガンの共鳴箱であるケースは造らなくなった。その結果ケースのデザインを親方から習って引き継いでいくという伝統が完全に断絶したのである。オルガンの伝統がヨーロッパあるいはドイツに残っていると言われているが、明らかにここで断絶しているのである。

笛や発音のメカニズムは作ったが、オルガンのケースを造らなくなったから、オルガンそのものが空中分解してしまった。直接、親方から弟子に、書くことでは残せない細かい所まで伝わっていくべき、伝統技術が電気アクションの発明と共に決定的打撃を受けた。人間の文化は、伝統を吸収して、それを新しい形で再現していく、それが伝統と発展ということである。伝統を切り捨てた所には発展はない。

トラッカー・アクションにより、オルガニストが本当に自分の意志でコントロールできる統一体としてのオルガン、そのような楽器として完成したオルガンを造る技術が見失われたのだった。しかし、パイプを隣の部屋、あるいは天井裏に置くと音が悪くなるということに人々が気付き、再度オルガンを教会堂の中に持ち込んできた。その時ケースを設計し造る方法を知らなかったので、人々はケースを造れなかったし造らなかった。それには都合のよい言い訳があった。「機能主義」である。装飾的なものを一切取り払って、最低限の機能に徹した時に飛行機が美しかったので、オルガンも最低限の機能とは何かと考えると、風があり、笛が鳴るということである。ケースは取ってもオルガンは鳴る。機能だけを追求していけばオルガンは航空機と同じに斬新な美しいものになるだろうと、ケースのないオルガンを礼拝堂の中に持ち出して来た。隣の部屋にオルガンを入れた時に、ケースは消え失せたわけだが、次はそのケースを復興させず、中身だけ外に出してきた。パイプがむき出しのオルガンが今世紀の三〇年代から造られるようになった。ところが、それも惨憺たる結果だった。結局音が美しくなかった。響板の上に弦を張っただけのピアノのようなもので、フレーム、ケース、蓋があり、それらの共鳴を全部ひっくるめて楽器になっているのに、弦と響板だけで、パイプさえ鳴ればいいと思ってしまった。今だから言えることだが、非常に機能というものの浅薄な受け取り方をしてしまった。

そのようなわけでケースの持っている音響的な機能、ケースのデザインが聴き手や演奏者に及ぼす心理的影響、心理的機能というものを全く無視してしまったのである。だがオルガンという楽器にとって、あるいはその楽器によって作曲されたり演奏されたりする音楽にとって、それらのことは無視できない本質的機能であることがだんだんに分かってきた。それゆえ現代の一番優れた、進んだオルガンの建造方法というのは、一見あと戻りしているように見えるわけである。

新しいオルガンの中には、奇妙に四角かったり、三角であったり、超モダンなケースがたくさんあるが、他の楽器を見てみると、例えばピアノにしても、ヴァイオリンにしても、ハープにしても、フルートにしても、そういう影響をほとんど受けていない。ヴァイオリンにしても一つの形として、機能的にその形が出来上がる。ヴァイオリンはなかなかしゃれた形だが、良い形を造ろうと思って造ったのではなくて、美しい音色、弾きやすさというものを追求した時に、あの形が造り出された。だから、いわゆる、工業デザイナーなどというものが、口をはさむ余地がない。

オルガンの場合も同じである。オルガンは、ヴァイオリンのような単一の楽器ではなくて、複合した楽器であるから、複合の仕方によって、いろいろな形を取りうるが、その要素としての笛、笛の配列、笛と鍵盤とのメカニカルな、あるいは音響的な関係というものに、数百年という伝統がある。その中で試行錯誤してきた結果、十九世紀中頃までに非常に高いレベルにきていることは確かである。ところが、その後のオルガンの形を見ると、建築家の差し出口、あるいは、建築家に迎合したオルガン・ビルダーによってオルガンの形が変わってきている。

機能主義的デザイン、近代工業デザインというものを、新しいという理由で、オルガン・ビルダーは取り入れた。オルガンがすでに機能的な形をしていたにもかかわらず、機能的デザインという、現在の建築などのデザインの結果的なものだけを取り入れた。真四角だったり、直線だったり、曲線を使わないことが良しとされた。なぜかというと、曲線というのは機械では扱いにくいものだったから、近代工業は直線で全てに対応したわけである。そして悲しいことにオルガン造りたちは、オルガンがすでに機能的な形をしていたのに、工業技術の制約の中で生まれた直線、棺桶スタイルを、これこそ機能的なものだとして、オルガンに取り入れた。ところがそれは、オルガンの真の機能とは全く合わない。ここには、新しいもの、近代工業に従わなければ、オルガン造りは遅れてしまうという恐れと自信の無さが現われている。

その結果、オルガンは、視覚的にもますますだめになった。オルガンは本来、音楽的な機能から出来上がったスタイル、形、あるいは装飾を持っていた。装飾の多くは音響的にも、オルガンのケースに重量と緊張とを与える音響物理的な意味を持っていた。そういう機能を全然知らずに、現代の機能主義は飾りを取り払った。しかし古いオルガンの飾りは単なる飾りではなかった。そこに、重《おも》りあるいは遮蔽物、あるいは響板が必要だった。それに、少し彫刻をしたり、金箔を貼ったりしたわけである。そこの所を見そこなってしまった悲劇でもある。

自転車に乗る楽しみ

オルガンはもう一度歴史的なものから学ぶことが重要だと思うが、ここで歴史主義について述べておきたい。私の理解では、古いもの、歴史のある昔のものは優れているということをまず決め、あるいは信じて、古ければそれで良い、というのを歴史主義と言うのだと思う。

今、オルガン造りの間で、一度息絶えた伝統を再興するために、古い楽器の研究が進められているが、それを見て歴史主義だと言って怖れる人がいる。それは次元の低い愚かなことだと思う。古いから優れているのではなく、古いオルガンを調べている時に、優れたものが見つかるわけである。優れたことということは、それに接しないと分からない。新しいことでもそうである。コロンブスの卵のように、それを人がやってみせて、それがそこにあると、人々は完全に理解する。ゆで卵の底を少し割ると立つように、古いオルガンを見た時、左右対称に並べてあるのは、陳腐な音の流行だと見えたものがそのオルガンの中に入って調律や修復をしたり、コピーを作ったりした時に、これは形だけではなかった、そこには共鳴も起きているし、風が非常にうまい具合に流れていく、ということが見えてくる。ゆで卵がそこに立っているのを見るのと同じで、明らかに見える。それを自分たちの技術の中に取り入れる。それが伝統の継承というものである。

古いから良いのではなく、古いものには自分勝手にオルガンを造った時には、一〇〇年や二〇〇年ではとうてい見つけ出せないことが見える。なぜかというと、そこには数百年に及ぶ連続した伝統の蓄積があるからである。中世から十九世紀末にいたるオルガン建造の歴史の中では、十九世紀末から二十世紀に起きた極端な伝統の断絶・破壊というものは、起きていなかった。古い楽器を調べて、それが少しもよくなければ、私たちはその技法を再現したり、ましてやコピーを作るということはしない。初めて自転車に乗る人は、あんな乗りにくい乗り物はないと思うが、一旦慣れてしまうと、こんな自由自在に軽快に動く乗り物はない。古くて、しかもいい音のオルガンは、初めは少しとっつきにくいが、それに慣れると大変弾きやすいものである。自転車と同じように、最初はちょっと乗りにくいが、数時間の練習の結果、素晴らしい演奏をすることもできる。少しずつ古い楽器に触れているうちに、その楽器の素晴らしさやコントロールの仕方が分かってくる。

演奏者が、自分で音をコントロールできるという興奮は、いわゆるケースのないオルガンに少しずつケースをつけたり、トラッカー・アクションになったりというネオ・バロックのオルガンでは全く感じられない新しい出来事である。

タワーの効果

古いオルガンによって再発見されたものにタワーの音響効果がある。聖パウロ教会（東京都目黒区）のオルガンを造った時に自分で弾いていて気付いたのだが、そのオルガンには、バロック時代までに発達したタワー、しかもフロント・パイプが平面的に一列に並ぶのでなく、前の方にケースから突出して並ぶ丸形や、三角形に張り出すタワーが五つある。そのタワーの突出部分はオルガンのケースよりも手前に出ていて、オルガニストの頭の上あたりに笛がある。その出っ張った蛇腹で複雑な面をしたオルガンの部分が、音をある程度オルガニストの方へ反射してくる。フロント・パイプが一列に直接的に並んだオルガンでは、オルガンの音はオルガンの真下にいるオルガニストの頭の上を通り過ぎていくようなところがある。それがバロックの非常に複雑なフロント・パイプの並びをした楽器では、オルガニストの方へいくらか音が反射してくるために少し弾きやすくなる。おそらくオルガン造りは初めに形を考えたのだろう。そして副次的なものとして音の反射的効果があったのだろう。

もう一つは、正面が平たいオルガンでは、大きな笛や小さい笛がケースの中で限られたスペースの取り合いになる。ところが、タワーを前面に張り出すことで、一番かさばる笛をそこに立てることができる。すると、あとの笛は比較的細い笛なので、ケース内部にうまく並ぶ。全体として、底面積の小さいオルガンになる。あるいは、決められた面積の中により多くの笛を置くことができる。こういうことがあのようなデザインが多く受け入れられ、何度も繰り返されて造られるようになった理由だと思うのである。

見てくれは良いが、そのようなケースを造るのは手間がかかり面倒なことは確かである。もし、視覚的なこと以外にメリットが無かったとすれば、あれほど繰り返されなかった。ところが、視覚的に立体的で非常におもしろいケースであると同時に、オルガニストにとって音が聞きやすい。

聖パウロ教会内部 東京都目黒区, 1976年, 辻オルガンＯＰ—18

また、限られたスペースに多くの笛を非常に合理的に配置できる。そのようにいくつかのメリットがあることが分かったので、繰り返し造られたのではないか。聖パウロ教会でこのスタイルの楽器を初めて造って、そのことに気が付いた。その時私はまるでコロンブスの卵を見たように思えたのである。

伝統的な良さというのはある単一

の機能、この場合、視覚的に具合がいいという機能を持っているが、よく調べ、具体的に体験してみると、単一な機能ではなく、複合した利点を持っている。長い間試行錯誤をした結果、そのような形が一番バランスが取れていくつかの効果が満足な形で得られることが分かった。

その形は特にヨーロッパの北の地方、フランス、オランダ、北ドイツで発達した。ヨーロッパの教会堂を回ってみると、北ドイツの教会堂はわりあい小さい。ハンブルクのように金持ちがたくさんいた所でも教会堂は比較的小さい。そこに大勢の人が集まる。もっと南の方へ行くと、大きな教会堂に適当な人が集まる。北の方では狭い教会が満堂になり、しかも大声で讃美歌を歌う。するとオルガンは大きな音を出さなければならないから、笛の数が多くなければならない。大きなオルガンにしたいが、もともと狭い教会堂に大勢人が集まるので、オルガンの場所も限られる。その時に、大きな笛を前に張り出すことで、たくさんの笛を狭い場所にうまく入れ、音をバランスよくさせることができる。しかも、その形が人々に気に入られたので、北の方ではその形が発達した。

それに対して、南の、例えばイタリアのオルガンの場合、会堂は非常に大きいが、皆が大声で歌うことはなく、オルガンが美しく朗々と響きわたればいいので、そんなに大きな音は必要なく、笛も多くは必要ない。だが、オルガンを置くスペースはたっぷりある。だからオルガンのフロントをでこぼこにして苦心してパイプを配列することなしに、単純な四角い箱の中に笛を苦労なく並べてしまう。弁の真上に全ての笛がくるような非常に単純な構造もとれる。

北の方では弁の位置と笛の位置が随分ずれているような造り方が発達した。そのようにしてたくさんの笛を苦労してせまいケースに配置した。南の方では、そういうことをしなくてもいい。だから非常に単純な構造のオルガン、平らな正面のオルガンが造られた。それぞれの建物や礼拝の仕方あるいは音楽的好みによって、そのような異なった形、ケースが各地で発達してきたのである。

錯覚

科学技術が発達して、新しいものができる、それが発達進歩である。そのような価値概念が支配的だが、オルガンに関しては進歩発達の頂点がもっと前にあった。個々の出来事について言えば、十九世紀から二十世紀にかけてもいろいろ発明があった。だが、前述したようにあまりに失ったものが大きかった。

もう一つは、エレクトロニクス技術は、二十世紀に全部発明された。そこには伝統が無かったから発明する他なかった。ところがパイプ・オルガンの製作技術というものは一〇〇〇年近い伝統を持っている。その貴重な伝統を今世紀始めにほとんどかなぐり捨てたのである。トランプで言えば、全部の札を投げうって新しい札をとるような、新しい発明があると錯覚したのである。

その後発明したものはあったにしても、今までの月日に比べたら微々たるものだった。それでも今までの伝統を再発見し、なお付け加えていくこともあると思う。ただ、一〇〇〇年の技術を全部投げ捨ててまでそれに置き換えられる程の大発明を今の人々ができるかというと、それは無理である。

現代の教会にはのっぺりした建物が多いが、そこに古い様式のオルガンは合わないと言う人がいる。例えばパウロ教会にしても、建物はモダンだが、楽器は古いスタイルで合わないというのである。本当にそうだろうか。早い話が、そういうモダンな建物の中に人間が入ってくる。十世紀頃建てられたカテドラルの中にも人々が入っている。人々が、モダンな洋服を着て、中世のカテドラルに入るのは、不似合いだから、中世のカテドラルに入る時は、中世の洋服を着なければそぐわないというなら別だが、そういうことはないだろう。

法隆寺のような古い建物に入っていく場合、その人の着ているものが、それなりに人を説得する形で着こなしていれば、モダンな洋服でも、その場にふさわしい。それと同じことである。

現代の建築であっても、それが優れたもので、そこに人を納得させる美しい形があれば、バロック風の美しいオルガンが入っても合うと思うのである。建築というのは、そのくらいの包容力がないといけない。この建物は超モダンなのだから、背広など着て入って来ては困る、超モダンの洋服を着て髪形や化粧だって整え、整形手術くらいして来い、とは言えないのである。それよりも、モダンな教会堂にモダンなオルガンが入って見るに耐えないものはたくさんある。

幕末に日本の侍たちがヨーロッパへ行った折、彼らが自信を持って威風堂々と歩いていると、人々は尊敬の眼で見たそうである。ヨーロッパ各地の宮殿や教会堂に行ったそうだが、ベルサイユ宮殿で裃《かみしも》姿で威儀を正していたら、周囲の人々は、変わった姿の人が来たと思っただろう。それは絵になる。ただその場合、ベルサイユの宮殿も裃を着ている人も一級でなければならない。

Ⅲ

楽器としてのオルガン

オルガンという楽器を、何か一つの音楽素材として単純に見るのではなく、多くのオルガニストや作曲家たちが使ってきた楽器の延長として見ていきたい。

我々は、オルガン音楽を、古いものから新しいものまで聴くが、それらを演奏する楽器として、現代のオルガンがあるわけである。現代オルガンの主流（質はともかく、数の上で）を占めている、いわゆるネオ・バロック・オルガン、ネオ・ロマンティック・オルガンについて私の感じている音楽的意味での問題点を上げてみると、次のようなことである。

いろいろな他の楽器、ピアノやフルートやヴァイオリンと比べて、オルガンは非常に機械的な音がする。演奏者による音色のコントロール、あるいは音楽のその場その場の状況に応じた音の抑揚というものが無くて、電子オルガンに限りなく近づいている。ある振動が始まるや否や、それが全く無表情に続く。そのために、クラシック音楽の愛好家の中に、オルガンに対する抵抗感を生み出しているのではないか。楽器が、あまりに楽器的ではない音がするということである。

もう一つは、それと関連した、あるいは、内容的に同じかもしれないが、人々が気持ちの良い音として感じる周波数の音、あるいは周波数のバランスである。あまりカン高い音というのは、不快になるし、あまりに低すぎる音、中高音とのバランスを失った低音というのも不安なものである。そのような、人々の耳の感覚の嗜好というものが自然にいろいろな楽器を造ってきている。だが、そのような音色の限界からはみ出てしまっている場合が多いのではないか。

もちろん、それぞれのオルガンにはそれぞれの個性があって、他のオルガンと違う響きがあるわけだが、行き過ぎている所もあると思える。オルガンでは非常に高い倍音を強調できるのだが、それに見合った中音域とか低音域のバランスを失っている、これは特に、一九五〇年代、一九六〇年代のオルガンに顕著だった。中音域と低音域の音を弱くして、非常にアンバランスで刺激的な音になってしまった。それに対する反動が、一九八〇年代には顕著になってきて、今度は高い音を取ってしまうのである。高い音を充分に発達させたことは、必ずしも悪くなかったのだが、それを支える中音域、低音域の豊かさというものを見出さないうちに、どうも高い音がみんなの好みに反していると考え、それで今度は高い音、高い周波数を単にカットしてしまった。一九八〇年の後半になって表われてきた傾向はとても弱々しいオルガンなのである。

それからふいごとオルガンの送風に関する問題がある。息が無いオルガンが多いのである。歌を歌っても、笛を吹いても、充分に横隔膜や肺をコントロールしてよろよろしない安定した音を出すのが優れた演奏家なのだが、それは決して、木で鼻をくくったようなのっぺら棒な音ではなくて、歌やフルートを吹く息というのは抑制された抑揚だと思うのである。その中にはビブラートも使われる。

ところで、オルガン造りの長い歴史の中で、人々は風の安定ということを始終求めてきた。声楽家や管楽器奏者が求めたのと同じように安定を求めたのだが、オルガンが特別メカニカルな楽器であるために、オルガンと無関係な、空気力学的な思考、あるいは送風工学的なやり方で安定していれば良い、という形で空気を安定させてしまい、抑揚を無視してしまった。温かく歌うような性質を現代オルガンは失ってしまった。それがネオ・バロック以後の、あるいはドイツ・オルガン運動の直接的影響のもとにある現代オルガンの問題点である。

産業革命の波

ロマン派の後期に至って、非常に高い風圧を利用するようになった。しかも音域の広いたくさんの鍵盤を全部カプラー（連結）して一つの鍵盤から四つぐらいの鍵盤を同時に動かすようなオルガンを造るに至って鍵盤が非常に重くなってしまった。それを克服するために、電気アクションが一部の大ホールのオルガンに導入された。

その前に、いろいろな空気のアクションも導入されたのだが、それよりも、もっと新しい近代技術を応用したものとして電気アクションが導入された。そのような巨大な一部のマンモス・オルガンをコントロールするためには、必要だったのである。ところが、そういう巨大なオルガンに必要とされた電気アクションが、またたく間に、あらゆるオルガン、ごく小さな田舎の教会のオルガンにまで、利用されていった。メカニカルなアクションよりも構造的に簡単で、ただ電気の線をひっぱり回せばいいから、造るのにやさしいということもあった。

それに、メカニカルなアクションは古いもので、電気のアクションは新しい。古いものと新しいものというのは、私はただ、それだけのことであると思うのだが、十九世紀から二十世紀にかけて人は、古いという言葉と悪いという言葉、新しいという言葉と良いという言葉をほとんど同義に理解するようになったのである。これはちょうど、古い昔の日本語で、「甘い」という言葉と「うまい」という言葉が、ほとんど同じ言葉だったということと似ている。甘いものが非常に少ない時代では、何か甘いものというのは特別なものだったから、それが、うまいものと同義だった。それと同じように、新しいものに熱中し出した人たちは、良くなくても、新しいということと良いということが無意識のうちに一体化してしまった。甘いものがなかった時代の人に、甘いということとうまいということが、一体化したように。今になっては幼児的なことだと思われるが、そのように電気アクションのオルガンが増えてしまったのである。その結果、甘いものを食べ過ぎて虫歯ができるように、新しいものを入れすぎて、肝心なオルガンの音が悪くなってしまった。

それ以外にもいろいろあるわけだが、工業化ということの特徴は、均一性ということである。それ以前の技術、人々が手でものを作る時代には一つ一つが、個性をもって違っていた。

絵を描いたり、音楽を演奏したり、ヴァイオリンやフルートを手でこつこつ造ると、一つ一つが違っているわけである。その違いを人々は楽しんだ。ところが、工業化の時代に入ると、同一規格のピカピカな歯車やネジなど完全に同じものがずらっと並ぶ。今までになかった新しいことなので、人々は興奮した。そこに見られる全く新しい特徴の一つは、「均質」ということである。均質化というのは、例えば一つの機械からある歯車を取り出して、別の機械の同じ場所に入れると、ぴたっと合うことであり、手で造ったものにはない性質である。それで人々は、そのことにもまた、熱狂した。それはオルガンの製作においては、大量生産によるオルガンの部品の製作ということにもなっていったし、もっと直接的なダメージをオルガンに与えたのは、オルガンの一つ一つの笛の発声を、限りなく機械的均質なものにしようとしたことである。均質なものというのは、個性を持ってはいけない。それでオルガンからどんどん個性的で魅力的な音色が消えていったのである。

現代の数多くのオルガン・ビルダーは皆まじめで良心的な人たちなのに、なぜ音の悪いオルガンを造ってしまったかというと、近代工業技術の持つ大量生産と均質なものを造るという特質が、個性的な楽器を造るという本来の目的に、残念ながら合っていないにもかかわらず、今だにその考えから抜け出せないでいるからである。近代工業技術とは、個性的なものを造るのではなくて、それ自身をなるべく個性の無い、その意味で使いやすいものに造る。

しかし、音楽や美術というものは、そういうものではない。人間の欲求、いろいろな必要の中の、さまざまな部分を満たすために楽器であるオルガンは造られなければならない。自動車やロケットやロボットを造るような思考、技術をオルガン製作に利用したために、悲劇が起きた。より近代的な技術を使って、より良いオルガンを造ろうとしたが、結果は裏目に出た。

例えば、たくさんの笛の音色の調整をするとき、オシロスコープなどで計った時にも、音色や音量のばらつきが見つからないほど、正確に造り上げようとした。それは、近代工業を支えている方法としては正しいが、オルガン造りには、無縁な方法だった。しかし、そういうものがほとんど自動的に、オルガン造りの中に入ってきてしまった。そのために、能力のある、知識も知恵もある、積極的でまじめなオルガン・ビルダーが、近代工業技術を吸収消化していった結果、オルガンが、機械のようになってきた。だから、この人々が今のやり方でいくら努力しても、オルガンは、オルガン音楽の伝統の、その先に進んでいくものにはなり得ない。

音楽とか美術とか、宗教とか、哲学とかいった分野とは、ますます離れていって、自動車やコンピューターや宇宙ロケットを推進していく人たちと同一線上に立つことになるのである。これは、オルガン造りにとっては悲劇である。その人たちがまじめであればあるほど、悲劇である。

伝統技術は、失いそうになって初めて人々は驚く。例えば、五重塔を建てた日本の宮大工の技術は、今はもう、ほんの数人の人にしか残っていない。

それと同じことが十九世紀末から二十世紀初めにかけて、オルガン造りの世界で起こった。五重塔とか木造建築というものは、全く重要視されずに、れんがとかコンクリートの建物が人々の注目の的だった。したがって、木造建築の技術を持っている人は、ないがしろにされるし、それを受け継ぐ人はいないわけである。そういう人たちの子供にしてみれば、「親父は古い」ということになる。ヨーロッパのオルガン建造の世界にも同様なことが起きたのだろう。その結果、数百年、祖父から子供や孫に伝わってきた、あるいはマイスター（マイスターという制度だけは今も残っているが）から弟子に伝わってきた技術の十九世紀以前の伝統は、現代のマイスターに伝わらなかった。近代工業技術（それは楽器であるオルガンを造るための技術ではないが）のおこぼれを、オルガン造りが受け取り伝えていくということは、非常に悲しいことである。

電気アクションの仕組みとその欠点

電気アクションでは鍵盤は、単純に電気のスイッチをオンにしたりオフにしたりするだけである。つまりオルガンの中に電磁石があってオルガニストの代わりに弁を開けたり閉めたりする。ところがそれまでのメカニカルなアクションというのは、オルガニストの指の動きと弁を開く動きが機械的につながっているから、指と同じ速さと動きで、同じ時に弁が開くわけなのである。弁はスプリングの力で閉じているが、同時に風圧も弁を閉じようとする方向に働いている。鍵盤を押すことで風圧に逆らって弁が開き、風が笛へ流れる。鍵盤を静かに弾くことで、弁は静かに、あるいはほんのわずか時間をかけて開く。笛は柔らかい発声をする。反対に鋭いタッチで弾けば、弁の動きは急激で、風は笛に突然吹き込まれ、急激な発声をする。これはリコーダー等管楽器のタンギングの技術と同じである。舌を使って笛の鳴りはじめの音色をコントロールするタンギングを、オルガニストは指の動きの速さの変化で行なう。これを私は「オルガンの笛を指で吹く」と表現したい。

鳴っているオルガンの笛の音を止めるときにも同じことが起きる。開いている弁はスプリングと風によって閉じようとする方向に力が働いている。オルガニストが鍵盤を押している力を弱めると、それらの力で弁は閉じ、風の流れが絶たれて音が止む。静かに指の力を抜けば、弁も次第に閉じて行き、風の量に従って笛の音量も次第に小さくなる。笛の発声に静かな発声と激しい発声があるように、音の終わり方も強い終わり方と弱い終わり方、そしてその中間のあらゆる変化がある。

オルガンの音の鳴り始めと、鳴り終わりをオルガニストがコントロールするということは、言ってみれば、楽譜の中の一つの音符を二回弾くということになる。例えば、ピアニストであれば鳴り始めの音量をコントロールする。鳴り終わる時は、ほとんど消えている非常に小さい音を消してやる。オルガニストの場合は、鳴り始めを指でコントロールし、鳴り始めた音は、ピアノのように消えていかないで、ずっと鳴っている、その鳴っている、力のある音を終わりでコントロールしてやるということである。鍵盤からアクションを通して、一つの音を二回、自分の意志に従ってコントロールしているわけである。

このような昔からのメカニカル方式に比べて電気アクション方式では、この変化のコントロールができなくなってしまったわけなのである。弁を開けるか閉じるか、指先がどのような動きをしようと、オンとオフの点はある一点のみで、弁の動きは全く指先では感じられない。オルガニストが、激しく弾こうが優しく弾こうが、笛の鳴り始めと鳴り終わりは一定のパターンのみということなのである。

先程一つの音符について私は二回オルガニストは弾かなければいけないといったが、ヨーロッパで造られ、困ったことに最近また造り始められている電気アクションのオルガンだと一つの音の初めと終わりを弾くと同時に、一つの音について弾いた時と音を聴いた時、音を止めようとしてキーを離した瞬間と音が止まった瞬間、都合四回もコントロールしていかなければならなくなる。そうするとオルガニストは混乱してしまい、結局音を聴かないで弾く習慣がついてしまう。それで十九世紀に電気アクションのオルガンができてから、オルガニストというのは音楽家の中で大変評判が悪くなったのである。なぜかと言うと、ある指揮者がそのことを端的に「オルガニストはリズム音痴だから相手にならない」という言葉で言っている。電気アクションのオルガンで練習したオルガニストにはしばしば見られることで、そういう楽器で弾き続けてきた弊害なのである。そういう楽器を造った人も悪いし、またそれを造ることを許したオルガニストも悪い。

電気アクションの場合、キイを押えていってキイがある位置にくると電気が流れ、キイの動きの速さとは関係なくマグネットが動き出し、弁を開き風を笛に送る、そこにずれが起きる。トラッカー・アクションではオルガニストが弾いた時に音が出るが、電気アクションでは弾いたあとから音が出る。

以上で分かるように、電気アクションには二つのデメリットがある。ほんのわずかだが発声が遅れるということ、そして発音の経過をコントロールできないということである。発音の時間の経過をコントロールできない弊害というものは想像以上に大きいものである。そしてタッチによる笛の発声、あるいは音の終わりのコントロールができない楽器を使いなれた人は、それ以外のいろいろなテクニックで音楽を作っていくのだが、そういうふうにしてきた人は上手に造られたトラッカー・アクションのオルガン、タッチによって、笛の発声自体が変わる楽器に遭遇した時に、多様な発声のうちの一つの発声のパターンだけで弾くことになっていくのである。

それは楽器にとっても不幸なことであるし、また演奏家にとっても才能のある無しにかかわらず、その人の音楽が最大限に発揮されないことになるわけで、残念なことである。

電気アクションのオルガンでは、激しいタッチで弾こうと、静かなタッチで弾こうと、弁の開き方はいつも一様であるから一様な発音しかしない。オルガニストは、もしかすると指の都合とかパッセージの都合で、いろいろなタッチで弾いているかもしれない。そういうオルガニストが、応答性の良いトラッカー・オルガンを弾くと、今までの楽器では表われていなかったその人のさまざまなタッチが音楽に表われてくる。このタッチの差というのは指の癖や何かで音楽とは無関係にあったものであり、それがそのまま音に翻訳されて出てくるので、演奏家にとって、好ましくない思いもかけない音が楽器から出てくることもあるわけである。そういうことが起きた時に、オルガニストは驚き、とまどう。その反応を利用してみようという人と、この楽器は変な楽器だと言って拒絶する人と二通りに分かれる。

電気アクションのもう一つのデメリット、音が非常にわずかだが遅れるということについて考えてみよう。大きなオルガンで笛が遠くにある場合、音が少し遅れてくることはトラッカー・オルガンでもある程度起こるわけである。しかしトラッカー・オルガンの場合、遠くにある笛もあるが、リュック・ポジティフやブルスト・ウェルクの笛は近いところにあって、自分が弾いた時にその音をただちに確認することができる。

トラッカー・オルガンを弾いているオルガニストはそういうことを経験しているから、ある笛は少し遠くにあっても、そのためにその人の演奏のリズムがおかしくなることはないわけである。電気アクションの場合、いつでも自分が弾いたわずかあとで音が出てくるので、自分の音を聴いてリズムをとると、遅れていってしまう。音楽を聴いている人は、音を聴いた時にそのリズムを感じるわけだが、演奏家は弾いた時リズムの拍というものを意識する。弾いたその瞬間音がこなければ、演奏者にとって音楽は二つあることになる。自分が弾いている音楽と聞こえてくる音楽とがずれている場合、演奏者は遅れてくるほうの音楽は聴かずに演奏するようになる。電気アクションが使われるようになってから、オルガニストのリズムが悪くなっていった原因の一つがここにある。いわば被害を受けているのに、そのことに気がつかずに、演奏が機械的なものになっていき、つまらない響きが生まれてきている。このような悲劇がオルガン演奏の上で起きているのである。

トラッカー復権のきざし

最近確かにトラッカー・オルガンがかなり復興したが、トラッカー・オルガンの持っている二つの重要な機能が充分生かされているとは言えない。発声をコントロールできるという機能については、電気アクションをずっと弾いてきたために、オルガニストがその機能を、要求しなくなっていることは非常に残念である。そういうテクニックを使って音楽を作ろうという人は少なくて、今までどおりリズム感やレジストレーション（ストップの使い方による音色の決定）だけで、自分の音楽を個性的なものに作りあげようとしている。そのためにトラッカー・アクションのメリットのうち、タッチで発音をコントロールする性質があまり重要視されないか、無視されている。そのことはオルガニストやオルガン・ビルダーにほとんど気付かれていないとも言えるのである。

そうするとトラッカー・アクションのメリットは、音が遅れないということだけになってくる。

このことだけなら、電気アクションを改良することで補って、トラッカー・アクションにより近づけることができる。そのような結果、最近また、電気アクションへ戻ろうとする傾向がみられる。見直されたと言えばよく聞こえるが、電気アクションでも良いではないか、その方がずっと作りやすいし、安く早くでき、大量生産ができる、という傾向になってきた。これは恐ろしいことである。

トラッカー・アクションの本当の良さを十分知っていれば、これは全く考えられない現象なのだが、そのメリットを無視したり気付かない人々にとっては、わざわざ古いトラッカー・アクションを造ってはみたが、あんまり意味が無かったというのである。再びオルガン建造が逆方向へ向かいつつある。

笛の発声をコントロールすることでオルガン演奏の可能性の幅が広がる、ということがより重要なのである。笛の発声のコントロールができることは事実なのだが、どれくらいできるかということは、いろいろに造ってみるということと、そういうものを弾きこなしていく技術をみがいていく、ということの両方が、平行してうまく噛み合っていかないと、その可能性が広がらない。

ヨーロッパの古いトラッカー・オルガンでそういう可能性を持ったものが実際にあるので、私もこのことに気が付いたのだが、そういう楽器は数が限られている。例えば、パリには多数の古い楽器があるが、そのような良いトラッカー・アクションを残している楽器は少ない。だからオルガニストたちがそういう楽器に触れたことがないというのは、やむをえないことである。古い楽器でそういう可能性を秘めたものは、ある程度のぎこちなさを持っているものだから、その陰に、優れた機能が隠れてしまっているのである。そういう楽器で、そういう機能を引き出して、実際の演奏に役立ててみようとすると、ある一定の時間は練習してみないと分かってこない。

自分で今まで弾いていた弾き方を一応横に置いて、古いアクションを持った楽器が要求するような指の使い方、手首の使い方、体の姿勢というものを研究して弾いてみると、楽器の持っている性能を引き出すことができる。余計な努力をしてみる人は非常に少ないから、私の言っていることは、大多数のオルガニストにとって、あまり現実的ではないと思われてしまうわけである。

トラッカー・アクションの長所について、最近かなりのオルガニスト、オルガン造りたちが、気がつき始めてきたとはいうものの、まだまだ全体からみると少数派である。

敏感なトラッカー・アクション

敏感なトラッカー・アクションというのはどういうものか。

まず風箱の中にある弁というものを考えてみる。これは家にある水道の蛇口を思い起こしてもらうと分かりやすい。水道の蛇口は中に小さい丸い弁があり、上のハンドルをくるくるまわすと、その弁が上に上がっていって穴を開く仕組みになっている。これを少しだけ開けると、水はちょろちょろとしか出ないが、たくさん上げると勢いよく水がふき出てくる、そしてある所以上になると、いくら蛇口を回しても、それ以上は水圧の関係で出てこない。

オルガンの弁もそれと同じことが言える。少し開いた時は風が少ししか出てこないが、ある程度以上開いてしまうと、もうあとは風の量は変化がなくなる。キイの動きの深さは八ミリぐらいであるが、ゆっくりキイを押し下げていくと、まず小さい音で笛が鳴りはじめ、次第に音量が増していく。キイがある深さに達すると、笛は充分に風を受けて、それ以上キイが深く下がってももう風量は増えず、音量も変化しない。トラッカー・アクションではこうしてキイの動きの第一の部分・音の変化を伴う部分と、第二の部分・音が変化しない部分とがある。応答性の良いオルガンでは第一の部分の割合が大きく取られている。しかし現代オルガンではこれが二ミリ程度と小さく作られている場合が普通である。

この場合、オルガニストは上の二ミリだけを上手に早く開けたり、遅く開けたりして、下の六ミリは関係なしに演奏しようということはできないわけである。だからそのように造っているとオルガニストは十分なコントロールができない。つまり、二ミリ開いただけで最大の風がいってしまうので、遅いタッチでも鋭く弾いたのと同じ結果になってしまう。

オルガンがこのように造られていると、電気アクションと非常に近くなる。つまり、どのようなタッチで弾こうと、風は一気に笛にいき、笛はいつも同じように発声する。このように造られたトラッカー・アクションのオルガンは電気アクション・オルガンを弾きなれたオルガニストからは歓迎されるが、このオルガンではいろいろなことはできないわけである。
ところがキイが一ミリ下がったところで、かすかに音が鳴り始め、二ミリ下がってやや音がはっきりし、五ミリいったところで、かなり良くなり、一番下までいった時にたっぷりした音量で鳴る、そのようにオルガンを造っておくと、早くすばやく弾いた時、笛は勢いよく発声し、静かにゆっくりと弾いた時（もちろんほんのわずかにだが）笛はもう少し柔らかく発声するわけである。

そこに変化がつけられるわけである。元来トラッカー・アクションというのは、このようにいろいろに反応するように造られている。その点を十分認識して造らなければ、本当のトラッカー・アクションの意味がない。このように造るのは実際には難しいし、手間がかかる。造りにくいものをようやく造っても、オルガニストからは弾きにくいという苦情が出てくることが多い。このオルガニストの声に惑わされて、電気アクションにより近く、どのように弾いても同じ発声の仕方をするトラッカー・アクションが、造り方も簡単ということもあり、増えているのが現状である。

オルガンは機械であってはいけない。演奏者の意志を生かしてその人の音楽を作っていく「道具」である。

他の楽器ではそのことは非常にはっきりしている。例えば、ピアノでフォルテを出すためには、ピアニストは訓練をする。それは全部キイの押し方にある。オルガンも笛から新しい音を出すためには、オルガニストは指を訓練して美しい音を出さなければいけない。いつでも一様の音しか出ないというのは、楽器よりも機械だと思う。

フルートなどは、もっとはっきりしていて、音を出すまでが大変である。まず音を出すことから訓練し、きれいな音になるようにさらに練習するわけである。だからこそ、その人の音が生まれてくるのである。フルートをふっと吹いて音が出ないのは、楽器が悪いのではなく、十中八九吹き手が悪いのである。

オルガンもそうだと思う。思いもかけない音が出たとすれば、それはそのオルガンが楽器として良くできているからかも知れない。今のオルガンのほとんどが、そういうふうにはできていない、つまりオルガン界の長老たちが、電気アクションで勉強してきて、残念ながら本当の楽器らしいオルガンに触れる経験をほとんど持っていなかった、ということも起因していると思う。今それができるようになってきても、今更演奏法を変えられないという人たちもいる。そういう人たちは、そういうテクニックを抜きにして音楽を作っていかなければならないが、若いオルガニストたちが同じ失敗をしないように望みたい。

息と肺

オルガンの笛を鳴らすためには風がいる。その風を供給する肺の問題を考えてみたい。

風をコントロールすることは、今でも非常に難しい問題である。例えば、声楽家は自分の息を上手にコントロールするが、それは一人一人が、それこそ血を吐く思いで訓練した結果なのである。それと同じで、良いオルガンの風を送ることは、昔のオルガン・ビルダーにも難しかったように今も難しいのである。

まず、伝統的な方法を説明したい。古い方法では、くさび形ふいごといって、幅が一メートル半、長さが二メートルか三メートルの板を二枚、一辺でとじ合わせ、他の三辺を皮や薄い板の蛇腹（リブ）を使ってふいごを作る。そこから、木の薄板で作った四角い長い管（ダクト）を使って、オルガンの風箱まで風を導いてくる。そうするとオルガニストが鍵盤を押した途端にふいごから風がオルガンに流れ込んでいく。鍵盤を離した途端に流れてきた風が行きどまりになるわけである。すると、空気といってもやはり重量があって慣性があるから、空気の出口は止まっているが、出口に向かってふいごからまだ風が押し込んでくる。そして次の瞬間その反動として、風がふいごの方に戻っていく。そのために、ちょうどその時にもう一つの音を弾くと、急に弱くなったり、急に強くなったり、揺れるわけである。それをコントロールするために、ふいごの大きさとかふいごから風箱に向かってくる木のダクトの太さや曲げ具合に、一定の定石というものがある。それでもなかなかうまくいかなくて、昔の有名なオルガン・ビルダーたちでもあとから手を加えたりした形跡がある。

そのくらい難しいものだが、うまくいった時には、本当に人が歌っているような抑揚、ほんのわずかのクレッシェンドとディミヌエンド、息づかいというものが笛にある。これは、非常にデリケートなもので、失敗することもあるのである。

ところが、現代のオルガンではそれをどのように解決したかというと、モーターで作った風をダクトを通してウィンド・チェスト（風箱）に送る。その風箱の底というのは何も使われていないので、その底を蝶つがいを使って数センチ上下に動くようにして、それと風箱の他の部分とを皮のようなものでつないで、下からバネで押し上げるようにしている。キイが弾かれて風を使った瞬間に、バネを使って底板を押して風を供給してやる。風を使うそのすぐそばで風をコントロールするのである。大きなふいごは使わずに電動の送風機から少し高い圧力の風を、その風箱のすぐ下まで持ってきておいて、その底板と連動する弁を上手に設計することで瞬間的に風を補給してやる。

消費したその場所で変動を検知して、即座にリアル・タイムで補正するというような回路を作ったわけである。これは発明としては、単純なものだが、発明した人はなかなかの才能である。

何百年とオルガン・ビルダーたちが、一台一台のオルガンについて試行錯誤して調整しなければならなかった風の問題を、一挙に一〇〇パーセント解決してしまった。そういうやり方は私も初期のオルガンで試みたが、非常にやさしく造れるし、風が揺れて困ることもない。

工業的安定と音楽的安定

この装置は一種のショック・アブソーバーである。ショック・アブソーバーが、そのショックを検知して、自分でブレーキをかけるだけでなく、足りなくなった風を、モーターの方からすぐに供給させる。それからショックが逆の方向に働いて、圧力が高くなってきた時には、瞬間にそれを閉じてやる。一〇分の一秒くらいの時間でそれをすっと安定させてしまう。

その結果、ほとんど世界中のオルガン・ビルダーが狂喜した。少しオーバーに聞こえるかも知れないが、全くこれは、青天の霹靂のような出来事だった。それが発明されたのは、確か一九五〇年代である。私がオルガン造りの勉強を始めた頃、あるオルガンには使われていたり、あるオルガンには使われていなかったりした。一九六〇年代にはそれを使わないオルガン・ビルダーはほとんどいなくなったほどである。特にヨーロッパで普及した。アメリカではいろいろな他のメカニズムの関係でそれは使えなかった。オランダのオルガニストのクラースボルト氏は六〇年代の後半すでに、「これで解決したと思ったが、気が付いてみたら風が死んでしまっただけだ」と書いている。それまでの風は非常に扱いにくいものであり、うまくいった時には良いが、うまくいかない場合も多かった。それでふいごや送風管を造り直したりしているわけである。

今度の風は、いつでもうまくいくが、結局ロボットのようなものになってしまった。オルガンから命のある部分が失われたということに気が付いたのである。新しいオルガンに、あるいは古いオルガンを修復して、新発明のふいごを取り付け、これで素晴らしいオルガンが造れる、十九世紀のオルガンの没落から我々は完全に回復した、と手離しで喜んだ。しかし、気がついてみたら、オルガンが死んでいたのである。そのことは、昔のふいごを持ったオルガンを弾き比べてみた時に、音楽全体に抑揚があるということで気づいたのである。例えば、フォルテッシモで大きなコードを弾いた時に、新しいオルガンでは、音が出始めて一〇分の一秒ほどの間に、あるいは二〇分の一秒ほどの間に、ちょっとした揺れがあって、風圧は一定する。つまり、大きな音が出てきた瞬間には、少し揺れがあるが、ほとんど気がつかない、ほんのわずかの揺れだが、あとはまるで発信機のように同じ音がバーンと出てきて、その音にウワーッというようなふくらみが無い。

ところが、古いオルガンでは、フル・オルガンで大きなコードを弾くと、風箱の中に押し込められていた風が笛に一気に入って、笛がフォルテッシモで鳴り始める、そして笛のすぐ下の圧力は一瞬下がる。ところが、ふいごは数メートル離れたところにあるので、その減圧がふいごまで伝わっていくのに、一瞬時間がかかる。そして今度は風圧がまた盛り上がってくる。だから、大きなコードを弾いた時に、音が一瞬鳴り出したあと、すっと、ほんのわずか下がる瞬間がある。それからまたずーっと回復する。そうすると、音がうねる。古いふいごのオルガンでは、大きなコードを弾いた時には、それが起きるのである。

それから、そういう大きなコードを止めた時にも、風が上手にできている場合は、震えというものではなくて抑揚というものがある。もっと小さい音で弾いた時にも、また、ふいごはその音楽に合わせて、かすかに揺れる。ちょうど、管楽器奏者が、いつでもビブラートを、ある人は深く、ある人は軽くかけるように、オルガンの場合はそんなふいごの、かすかな影のようなビブラートがかかるわけである。そういうものは全て、音に生気と抑揚とおもしろみを与える。新しいふいごシステムには無いものである。

近代的な空調システムや、いろいろな空気のシステムなどから新しい技術がオルガンに入ってきている。安定させろという昔からの命令に対しては、九〇パーセント、九九パーセント安定させて、ついに一〇〇パーセント安定させることが、近代技術においては目標とされる。ところが、声楽で、あるいはフルートを吹く時に、安定した風で吹けという時には、決して、そんなことは言っていないわけである。心地よい、自然な、ふらふらと揺れない息を要求している。だから同じ安定という言葉を使っても、工業技術的な安定というものと、音楽的安定というものとは違う。

音楽的安定というのは、少し不安定さを含んでいなければいけないと言ってもいいかもしれない。ところが、そういうことを発明して今だにそれを信じているオルガン・ビルダーたちは、安定ということであれば、それは一〇〇パーセントに限りなく近い方が良いという、これはまさに近代工業技術の思想である。その思想を彼らが持っているから、オルガンをオルガンらしく造るということは受け入れられないのだろう。オルガンを機械として造ろうとしている。それがやはり、ここに表われている。

心地良い安定感を、聴く人の聴覚を通して、その人に与えることが、ふいごで風を安定させようとした人の目的なのである。しかし、近代工業技術を信奉する人にとっては、聴覚のような不完全な、あるいは不安定なものに頼るのではなくて、圧力計というようなものに頼ろうとする。それは安定という言葉を使いながら、音楽とは異質なものである。

パイプの話

オルガンの笛そのものの造り方にも問題はある。パイプには鉛や錫が使われるが、おそらく十九世紀末まで、人々はごく簡単な道具を使って溶けた鉛や錫を流して、板を造っていた。厚さに微妙な変化をつけた板をこしらえて笛を造ってきた。古いオルガンの笛を見ると、まず例外なく、笛の板は厚さが変化している。下の方が厚く上の方が薄くなるように板を使っている。

このように厚さが傾斜している金属の板というのは、いわゆる近代工業の中ではあまり使われていない。そのような板を手で造ると、だんだん薄くなっていくように造りたいと思うが、なかなかそうはいかなくて、ある部分で極端に薄い所が続いたり、始めの方はかなり厚くて、最後の所だけ少し薄くなったりというふうに、予定通りにはいかない。

ところで、そういうものでオルガンの笛を造ると、わずかな乱れが出る。一本ずつの笛に使われている板が、それぞれ少し厚すぎたり、薄すぎたり、ある許容範囲でのばらつきがある。そのため、一本ずつの笛の音を、同じ音色に揃えようとして造り、出来上がったあとも、いろいろ調整して、音色を揃えるが、少しずつ、そこに変化が残る。ほとんど偶然に残るそういうものを持ったオルガンの音であるから、いろいろ変化に富んで聞こえてくる。

例えば、藍の話がある。藍ぞめの藍というのは、いろいろな色の粒子がまざり込んで藍に見えるそうだが、同じ色に見える化学染料というのがあって、それで染めたものは、見たところ全く同じ色に見える、ところがその中にある色というのは、単一の藍の色だけである。そうすると、その本物の藍と化学染料の藍と両方を比べると、人の目には同じにしか見えないが、それと他の色を組み合わせた時に本物の藍では、いろいろな色がまざっているために、どんな色とそれを取り合わせても不思議と調和する。ところが化学染料の藍だと、その中には藍一色で、他の色はないから、他の色と合わせた時にそういう不思議な調和は生まれてこない。本物の藍はいろいろな色を上手にまぜたのではなくて、偶然にまざった、しかもそのまざり具合は、おそらく毎回違うのだろう。

オルガンのたくさんの笛を、手で造った板で造る時には、少しずつの違いが残るが、その一セットの笛で演奏をしてみると、その個々の差は、人には聞こえてこない。意識されないほどわずかであるが、そこにいろいろと含みのある、奥行きのあるものが自然に形成されているのである。

技の精度

聴いただけでは分からないくらい、わずかずつの音色の差というのが、一本ずつの笛にあるために、そのオルガンの演奏を聴いていて飽きがこない、音色がいつまでも美しく、楽しく、気持ち良く聴ける。

それに対して、現代のオルガンのほとんどの人の笛の造り方は、溶けた鉛を板に流して造る所までは同じなのだが、昔のようにちょうど良い厚さに流すというのが難しいこともあり、まず厚すぎる板を作り、それをドラムに巻きつけて、回転させながら、機械で削って仕上げる。するとマイクロ・メーターで計るような精度で板の厚さが決まる。〇・五五ミリといえば、ぴたりと〇・五五ミリになって、その板のどこを計ってもその厚さになる。それで笛を造ると、前述したように、工業的な思想から言えば、とても良いものができるわけである。

手造りの笛の場合、板の場所によって厚さが違うから、ミリ単位の正確さはなかなか出せない。あるリミットを越えた材料や笛は、廃棄することもあるが、あるリミットの中でのばらつきがあるわけである。昔の人も自分が決めた厚さに揃えて造りたいわけだが、悲しいことに手作業だから、多少ずれる。それで近代の方法は、昔のやり方よりもより完全な造り方である、と考えられたのである。その結果、オルガンの笛の音色は、先程の藍の話のように非常に単調な音になっていった。

いくつかの音だけを聴き比べたのでは、差が分からないかもしれないが、古い造り方の笛にははっきり分からないくらいの差が本当はある。そういう工業的笛の方が良いと信じ込んでいる人は、かたくなにその方が良いと思って聴こうとする。

日本人に限らず欧米の多くのビルダーたちが、自分たちの周りにある古い伝統的技法の積み重ねで造られた楽器を見ようとしない、問題意識を持とうともしないということに問題がある。多くのオルガン造りたちは、古い楽器のところに行くと、オルガンの曲を演奏するのではなくて、一本一本の笛をプープーと鳴らしていく。近代的な均一化ということに非常に鋭敏になっている耳には、その笛の音色のばらつきというものが、堪えられないほど拡大されて聞こえるのだろう。その結果、本来の音の美しさが聴き取れないことになる。

彼らは、ヨーロッパに残っている素晴らしいオルガンを聴くと、そういうばらつきばかり目について居心地が悪いのである。そういう所に神経を研ぎすましているのではない、もっとオルガンを聴くのが好きな人たちの耳には、私たちの何回ものオルガン旅行の経験でも、古いオルガンの方が、おおむね良い音に聞こえる。これは専門家が陥りやすい落とし穴だと思うのである。専門家であるから、ほんのちょっとしたミスや音量のちょっとした不揃いなどにも敏感でなければいけないのだが、そちらばかりに神経がいってしまうと、全体の美しさという方に神経が届かなくなる。

美しさというのは主観的なものだ。例えば、あるオルガンを造った時に、そのオルガンを誰かが見て、こちらの笛の方が、音が大きすぎるとか小さすぎるというのは、客観的な事実だから、そういうことを指摘されると困るわけである。明らかすぎて議論の余地がない。しかし「この笛の音、余り良くないのではないか、どこかのオルガンの方が音が良い」というようなことは、主観的な問題だから突っぱねることができる。自分自身に納得させることもできる。「彼は、あんなこと言うけれども、この方が良い」というふうに思い込むこともできる。しかし「あなたの造ったオルガンのドとレの音を弾くと、レの方が少し大きいではないか」と言われて、弾いてみると、確かに大きいということは、やっぱり分かってしまう。そういうことは、非常に怖い。

そういうことを怖れないだけの自信、「それはそうかもしれないが、この方が音が全体としては美しい」と言えるだけのものを持っていないといけない。演奏した時には、些細なことなのだということが理解されていないといけない。

鍵盤の寸法

オルガンの演奏台についてみると、やはり古いものと現代のオルガンとの間に、造り方や造ろうとしているものに、違いがある。一番分かりやすい例をあげると、今新しく造られているオルガン、日本にたくさん輸入されてきているオルガンの八割か九割の鍵盤はグランド・ピアノの寸法になっている。鍵盤の寸法というのは白鍵の長さ、黒鍵の長さ、オクターヴの大きさなどだが、これがグランド・ピアノからきているのである。

フォーゲル氏に会う前に私はそのことは知ってはいたが、それは、大きな鍵盤の方がひきやすいからで、音にあまり関係ないと思っていた。古い歴史的な楽器を修復した時に、そういう鍵盤に付け替えている例も多い。

そうするとグランド・ピアノを弾いたことがある人であれば、当然鍵盤にふれた時に多かれ少なかれ反射的にグランド・ピアノを弾くタッチで弾くようになる。グランド・ピアノのような鍵盤があれば、グランド・ピアノのタッチで弾くのは人間の生理的な「自然」だからである。オルガン固有のタッチで演奏され続けていた楽器を、グランド・ピアノの奏法でたたくなら、そこから出てくる音は違ってくるわけである。

新しいオルガンでグランド・ピアノ式の鍵盤が付いていれば、当然ピアノを弾くように鍵盤を押したり、たたいたりする。そのように弾かれた時に、笛が正しく鳴るように調整するということがその次に起きてくる。すると古いオルガンと違う楽器になるのは当然である。そのことだけで新しいやり方が悪いとはもちろん言えないが、昔のオルガンの音は良いということで、それを再現する、あるいはそのような音色の新しいオルガンを造ろうという場合、グランド・ピアノ式の鍵盤をつけてグランド・ピアノ式に弾くということは、障害にはなるにしても、何の助けにもならない。

ピアノのタッチでオルガンを弾けば、古いオルガンの場合には、非常に雑音を発する。それでまたオルガン造りやオルガニストたちは古いオルガンではだめだということになる。ところでピアノのアクションを見ると、あらゆるところにフェルトや、しっかりした綺麗な布が使ってあって、回転部分や摩擦部分に、雑音が出ないようにしてある。ピアノという打楽器の場合には、タッチも非常に激しくなる場合があるので、そのときに雑音が出る。そして楽器から出る音はピアノはオルガンに比べて小さいから、その雑音が非常に邪魔になる。そのためにそういうフェルトが使われたのだが、そのピアノのやり方が今度はオルガンに持ち込まれてきて、オルガンのアクションのあらゆるところにフェルトが使われるようになった。それはなぜかと言うと、オルガンをピアノの奏法で弾いたからである。ピアノの鍵盤を付けてピアノの奏法で弾いたために非常にやかましい雑音が出た。そのためにピアノと同じようにフェルトをはさんだ。すると、ますますオルガンはピアノに近づいた。こういうことの積み重ねがあったから、新しいオルガンが古いオルガンとは違ってきたのである。

この大きな変化が起きたのは、十九世紀の末から二十世紀の初めにかけてである。十九世紀のオルガンを見ると、バロック・オルガンとは随分違う面もあるが、バロック・オルガンの持っている良いものを充分残しながら、それが変化していった一つの優れたタイプのオルガンである。それに対して十九世紀から二十世紀にかけての変化は、例えば電気アクションのような現代の工業技術的なものが入ってきたことと、もう一つは、ドイツ・オルガン運動で「バッハに帰れ」とか、「バロック・オルガンに帰れ」というかけ声のもとに古いオルガンを見直してそれを修理したり、ロマンティック・オルガンでない、バッハの弾けるようなオルガンを造ろうとしたことが挙げられる。だから、今世紀になっての試みというのは、今までのオルガンから離れて新しいオルガンを造ろうというムーヴメントではなかったと思う。

伝統的な音楽が弾けるオルガンとして、十九世紀のオルガンは、ロマン派の音楽を弾くのには適当だったが、バッハをはじめとしたバロック音楽を弾くためには、あまりにも不適当な楽器になっていた。そこで、二十世紀になってバロック音楽の復興と平行して、そういうものも弾けるオルガンということで、特にドイツを中心にしたオルガン・ビルダーたちが努力した結果、現代の多くのオルガンができた。それがいわゆるネオ・バロック・オルガンと呼ばれているものである。

バロック・オルガンの特質を再現したい、しかし昔のやり方でなく、新しい技術を使って造ろうということなのである。それは「進歩」ということから当然だとされた。古いオルガンの造り方は不完全であったから、より良いバロック・オルガンを造ろうという考えだった。しかしより良いということが、即ちより現代的・工業的ということであったので、良い楽器とは違う方向へ向かって進んでいってしまったわけである。

耳に心地よい音造り

人の耳に心地良い音、即ち聴覚の問題について述べてみたい。そのことに関して、十九世紀頃書かれたオルガンの技術書には、低音から高音にいたる一つのセットの笛が、全部が同じ音量、同じ音色で鳴るようにということが書いてある。その本の著者は物理的な音量を一定にしようと、努力しているのである。彼は、笛の太さの寸法の設計について、対数的な方法を提案したが、それは広く応用された。しかしこれは音があまりにも悪かったため、人々はすぐにその考えが間違っていることに気がついた。

最近になって、音響学的説明もされてきたが、人の耳というのは、低音から高音に至る物理的な音量に対して感度の差がとても激しい。人の耳には低音や高音はよく聞こえないのである。だから、機械的に計って、低音から中音域、高音域まで、同じ音量で鳴っていて、それを人が聴くと、低音や高音はよく聞こえない。

昔のオルガン・ビルダーたちは音の強さを機械で計らずに耳で決めたから、人の耳にちょうど良い音というのは自動的に出来上がっていたが、近代工業技術の初歩の段階では、人の感覚というものは、非常に当てにならないものとされていた。温度などを計る場合も、お湯に手を入れて計るのではなく、寒暖計を使う。音の強さや音の大きさを計る時にも、耳で計ったり、オルガン・ビルダーが調整するのはおかしなことで、デシベル計を使ったらもっと正確に分かる。しかし、それは人の耳は不正確なものとして軽んじている発想なのである。

ところが、オルガン造りは、人々の耳のためにオルガンを造る。人の耳の聴き方と、マイクロフォンの音の聴き方とは、水と油のようなものである。たいていの人は、それは当たり前だ、そんなことは知っている、と言うだろうが、現代オルガンの音の悪さは、そのことと深くかかわっている。

すなわち、現代オルガンを造る人の耳が悪いからではなくて、その人たちが耳を信用しなくなった、耳に従って造ってきたオルガン造りたちの造り方は、工業技術的なものと相反するが、それを軽んじた所からきていると思う。その証拠に、ヨーロッパのオルガン・ビルダーたちの多くは、ヨーロッパにたくさんある古いオルガンをまじめに調査しようとしないし、調査したとしても、それは昔の作品として調査するだけであって、ほとんどの人が同じように造ってみようとはしない。優れたオルガン・ビルダーたちがそうしないので、耳に従って造る、耳に心地良く響くようなオルガンの造り方というものに至れないでいる。

現代のビルダーの関心

現代の多くのオルガン・ビルダーたちは、自分たちが発明してきた新しい事柄が最善であると信じているのだろうか。今だに発明時代のようである。新しいオルガンの中に入ってみると、そこには、鉄骨やプラスティックや合板や鋼鉄のワイヤーなどが、非常にたくさん使ってある。昔は木と皮とニカワで造って、それが現実に三〇〇年、四〇〇年ともってきている。

私が修復するオルガンなどは、二〇〇年、三〇〇年前のものが多く、傷んだり虫が食ったり、破けた皮などをその当時の材料や工法で直してやると、造った時とほとんど同じように作動する。しかし鋼鉄やプラスティックや合板で造ったものは、傷んできたらちょっと修理するというわけにはいかない。すっかり取りかえなければならない。しかも、プラスティックの部品などというものは、いわゆる圧縮成形で、きわめて精密な型を、一つの型を何百万円というような単位の金額で造り、何万個、何十万個という部品を一度に造る。その部品の一つがすり減ってしまったら、そのたった一つの部品のために、何百万円もかけてまた型を造るわけにはいかないのである。しかも、プラスティックというものは一〇年もつものなのか、三〇年もつものなのかまだ分からない。

こういうオルガンが将来、故障したら、ほとんど直せない。しかし、のみと小刀を使って昔の人が手でこつこつと造った部品であれば、一〇〇年、二〇〇年経ったあとでも、何十、何百とある部品の中の一つ、二つが壊れたら簡単に新たに造れるわけだが、プラスティックのものが一つ、二つ壊れたら、それは造れないから、他のもので代用しなくてはならない。このようなオルガンは修理さえ出来ないことになるだろう。

材木の話

材料の選択という点でも、伝統を見つめ直すといろいろ学ぶことがある。

我々は普通、節のない柾目《まさめ》で狂いの少ない木を選ぶ。それは正しい方法だが、古いオルガンを見ると、意外にも悪い木を大胆に使っている。一つの楽器の統一の中で、ある場合は狂いそうな木を押さえつけていくかもしれないし、その狂ってくることを利用しているのかもしれない。そういう幅の広さで楽器を造っているのであり、決して細かいところまで設計図を作って、精密機械を作っているのではない。オルガンは精密なものだが、決して現代のテープ・レコーダーやタイプ・ライターのようなものではない。そういうことを、オルガンを見てつくづく思うのである。

古いオルガン、特に十七、八世紀のオルガンの中に入ってみると、オルガンの外の箱は木製で木の板や木の柱で造っているが、その内面はカンナをかけないでいる例が多い。私は初め、面倒だからカンナをかけなかっただけで、丁寧に造る時はかけるのだろうと思った。田舎の、予算も充分でない教会のオルガンを造る時には、カンナをかけないが、例えばカテドラルのオルガンを造る時のように、充分にお金が出る場合はカンナをかけるのだろう、と思って気にも止めずにいた。

ある人から、内側にカンナをかけていないのは、内側の面積がそれだけ広いということであり、広いということは音がケースの板にあたる面積が広いということだから、音が板に吸収される率が大きい。音が充分に内側から板に吸収されれば、その板から外に音が放射されることも多いわけである。そういうことがあるのではないかと言われて、なるほど理屈で考えてもそうかもしれないと思った。それから注意してオルガンを見てみると、確かに十九世紀以前のオルガンにはカンナをかけていないものがある。そういうことはそれまでフォーゲル氏に師事して、古いオルガンをいくつも見ていながら気が付かなかった。それが本質的なものだとは思わなかった。それで最近、試しにカンナをかけないようにしてみたが、そうすると、ケースを造るのに余計手間がかかる。というのは、今、自動盤という木工機械で両面にカンナをかければ、完全に厚さが同じになる。あとの工作が非常に楽である。ところが、片面だけカンナをかけると、裏はでこぼこだから、かけにくいし、手間がかかる。

昔はオルガン・ビルダーの師匠から弟子に伝えられて当然だったことが、今は当然でなくなっていて、板の裏にカンナをかけていないということが、見ても気が付かない、そこに何か意味があると思わないと、そこにカンナをかけていない板があることとさえ気がつかない。

現代のオルガン造りの多くは、木を使うといっても、無垢の木ではなく、いわゆる合板を多用する。それは、無垢の木質は乾燥に手間ひまかかるし、乾燥させても動くので工作に面倒だが、合板は安いし、規格は一定だし、乾燥させる必要もなく、ねじれたり割れたりせず大変便利であるからである。

それに対し、私はあえて手間のかかる昔のオルガンと同じ無垢の木を使用するようにしている。オルガンは私たちの知っている限りでは昔から木で造られてきた。それはちょうどヴァイオリンが、松や楓で造られてきたり、木製フルートが柘植《つげ》の木で造られてきたように、木で造られてきた。私は木を使ってオルガンを造るわけである。

何故最近のオルガン・ビルダーたちは合板でオルガンを造るのか、私は不思議に思う。オルガンを造る時に一番大事なのは、なんといっても良い音を造ることである。どんな楽器でも、良い音の楽器を造るためにその楽器それぞれの材料が、長い時間をかけて選ばれてきたわけであるが、その材料で作った時、狂いが少ないかというと、そういうことではない。楽器が狂わないということは大事なことであるし、なるべく狂わないように造るのだが、良い音を得るためには、ある程度その楽器の不安定さというものは、避けられない。

例えば、ヴァイオリンやチェロの弓には、馬の毛を使ったりするが、使っているとすり切れたり、切れてしまったりする。またその胴は木で造られているが、その木が温度や湿度の影響を受けて、微妙に変わる。だから楽器を持っている人は、ひどく乾燥したり、湿気たりしないように大切に扱うわけである。それを湿度の影響を受けないような合板やプラスティックや金属などで造れば、扱いやすくなるだろうが、音色は悪くなる。

だから私も、昔の人々が造ってきたように、無垢の木を使って、オルガンを造るのである。ヴァイオリンをプラスティックや合板で造らないのと同じである。昔から人々が造ってきた方法、すなわち材料、形、製法というものは、それぞれの要素が相互に関連しあいながら、一緒に数百年にわたって発展してきたのである。それゆえその中の一つだけを勝手に簡単に変えるわけにはいかないのである。

他の楽器を見ても分かるように、合板というものは、楽器造りの目でみれば、木ではない。木の性質というのは、木目の方向には音が速く伝わるし、木目と直角の方向には、音はゆっくりと伝わる。強度の点では、木目と直角の方向には、割れやすい、木目の方向には強く、弾力を持っている。そういう木の特質から、木で造られる楽器の音色が決まってくるわけである。木にはこれらのこと以外に、まだまだ我々の測り知れない多くの特質があるはずである。

合板というのは木を薄くはいで、それを木目と木目が直角になるように張り合わせたもので、その音響的な性質は、ほとんど木ではないのである。そういう異なった性質のものでオルガンを造れば、今までの音が出なくなるのはあたりまえなのである。合板が良い音を生みだすかどうかは、他の楽器の例を見るとよく分かる。最も安物の楽器、おもちゃに類似した大量生産のものにしか、合板は使っていないのである。だから、オルガンだけに合板を使えるはずがない。合板で造ってあるためにより良い音が出ているオルガンというのを、私はまだ見たことがない。

オルガンを造る材料は、木の他にもいろいろなものがある。特に新しいオルガンでは、新しい素材、プラスティックやアルミなど古い時代には無かった素材が多く使われている。

いつの時代でも新しいことが少しずつ加わっていくのであるから、新しい素材を使っていけないというようなことはない。今まであった素材で、あるいは今までの造り方とその素材で、今までのオルガンに劣らない、あるいはそれ以上の楽器が出来るということが、伝統を受け継ぐということで、一番大事なことだと思う。伝統を受け継がない限り、発展ということはないし、五〇〇年とか一〇〇〇年かかって人々が造り出してきた技術を受け継がずに、それよりも良いものを造ろうというのは、ばかげたことである。伝統を受け継ぐということは、今までの材料を使い、今までの造り方に従って過去の優れたオルガン造りたちと同等に、あるいはそれ以上の楽器を造ることなのである。それができた上で、なおかつもう一つ新しい素材というものを取り入れていく。

新しい発見や環境の変化、例えば暖房の変化や空気の汚染に対処するために、新素材と新しい手法というものを付け加えていく必要があるが、伝統的レベルを維持することが基本である。

木というものは、縦と横で、違った物理的特質を持っている。しかし、その木が、どういうメカニズムで美しい音を出しているのかということは、今はほとんど分かっていない。だとすると、それに代わるものを見つけるということは、試行錯誤では出来るかもしれないが、理論では不可能である。

木で造ってあるオルガン・ケース、共鳴体としてのケースを例に挙げると、新しい、プラスティックや合板で造るとすると、何千種類、何万種類の材料で、いろいろな厚さ、形状で何百台、何千台とオルガンを造っていけば、もしかしたらその中から木とはまた違った美しい音色ができるかもしれない。しかしそのためには膨大な順列組合わせ的な試行錯誤が必要になってくるだろう。

オルガン造りというのは、研究はもちろんしているが、実際に使うオルガンを造っているわけである。一〇〇台も一〇〇〇台も金にまかせてオルガンを造っては壊し、造っては壊しして、何かを研究するというわけにはいかない、そういう単純な試行錯誤は出来ないのである。

他の先端産業などでは、国家とか大企業が湯水のように研究費をつぎこんで研究者は自由に研究出来るが、楽器製作では、そういうわけにはいかないのである。新しい素材で無限に繰り返して試してみるということは出来ない。そうだとすれば少しずつ試してみるほかはない。少しと言うのは、ほとんどのところは昔と同じように造って、ある一つの場所を別な材料でやむをえない場合に置きかえてみるということである。やむをえない場合というのは、新しい外的な事情のためとか、あるいは、もう一つ新しい音色を作る必要があるときなどである。そのような場合に、ほんの一つ試みてみるというように、非常に慎重でなければ伝統というものを本当の意味で受け継げない。

また、いろいろな経験から我々が知っていることは、一つの変更を加えると、それが成功した場合に、何かより良いものが、オルガンに加わるだろうが、ほとんど同時に必ず何かを失っているということ。我々は誰でも、何か一つのアイディアを試みた時に、それを考え実行した人は、いくつか出た結果のうち、良いものだけにスポットを当てて喜んでしまいがちである。その時に起きたマイナスの面というのは、なるべく小さく評価する傾向がある。新しいことを行なう時はその点に気をつけなければいけない。

十九世紀末から今世紀にかけての、オルガン運動以来の新材料の導入、新しい工法が弊害を生んだ。一つ一つを取りあげてみれば、それぞれのオルガン造りは今述べたように少しずつやっていったのだと思うのだが、その結果、確かに得るものがあった、しかし失うものもあった。つまりミクロ的には良いと思っても、マクロ的にみると、過小評価した、失ったもののマイナスの方が大きい結果になっていたのである。

そういうことが一度にたくさん重なったために、オルガン造り全体としては、非常な低落を起こした。例えば、オルガンの寿命に非常にはっきり現われている。十九世紀末から始まった電気アクションの楽器は、だいたい五〇年でほとんど修理出来ないほど壊れてしまった。最初は非常にうまくいくように見えた。少なくとも最初は故障も少なかった。なだれのごとくその方法がヨーロッパから始まって、アメリカまで広まったのだが、五〇年経ったらそれらは軒並みだめになっていた。このような現象は、十九世紀までオルガン造りの歴史の中では起きなかったのである。だから私は、このような我々の先輩の苦い経験を知って、新しい材料の導入に、より慎重になるのである。

十九世紀までのオルガン造りはとても慎重だった。というのはオルガン造りの工法は十四世紀から十九世紀にかけてほとんど変わっていないからである。複雑になったが、基本的には変わらなかった。

古い新しいと良い悪い

古い良い楽器から学ぶことはまだまだ多くある、ということを何度も述べてきたが、古い―新しい、良い―悪い、というこの二つの概念を、混同しないで見つめ直すことは大切である。近代工業社会の中にある「新型は旧型より改良されて良くなっている」「進化している」という価値観あるいは偏見に惑わされずに見つめていくことが必要である。新しいということを良いこととし、新発売とか新型とか新製品というと、人々が飛びつくというのは、人々が今だに新しいものが良いという神話の虜《とりこ》になっているからであろう。良いものが新しく出来ることもあるし、新しくてつまらない物もある。それはその分野による。

ところが、世の中には、新しいものに良いものもあると同時に、古いものの方が良いものである場合もあるし、新旧に全く無関係なこともある。だから新しい、古いという分類というものと、良い、悪いという分類とは、交差している。

例えば、日本人、アメリカ人という分け方と、男性、女性という分け方を考えてみると、日本人には男性も女性もいる。もちろんアメリカ人にも男性も女性もいる。日本人は男性、アメリカ人は女性という単一的な見方は存在しない。それと全く同じことである。

新しい、古いということと、良い、悪いということとは、全く別の分類なのである。そのことに気が付いていない人が多くいる。だから、新しい素材がオルガンに導入され、今度のオルガンはプラスティックで、どこそこの部品を使った、というニュースが伝わると、プラスティックを使わない人は遅れていると思う。しかもそれが格安に提供されたりすると、もう我がちに飛びつく。その結果、一〇年か二〇年あとに、そのプラスティックを使ったオルガンが軒並み、故障したりする。

新しいものというのは、ある意味で非常に危険なのである。特にオルガンのように、新しい材料を使わなくても二〇〇年、三〇〇年の寿命のある良いオルガンが造れると分かっている時に、新しいという理由だけで、新しいものを取り入れるのは愚かなことである。しかしどこか新しくしなければならない所があるかもしれない。作曲家が違う作品、違う種類の音楽を作ろうとしているために、オルガンに今までの音の他にもう一つ新しい音を要求した場合、オルガン・ビルダーは新しい方が良いからではなくて、その新しいものも必要だから造るのである。

そのことと、電気アクションが発明されたからといって必要もないのに小さなオルガンまで電気アクションにしてしまうこととは別である。皆がプラスティックを使っているというので、プラスティックを使ってしまった。それは、進化論というものを非常に浅薄にかじった人が、何でもものは進化しなくてはいけない、今までのままではいけないというふうに、浮き足だった浅ましさである。進化論というのは、そんなものではない。今、情報化時代などという言葉で、人々が浮足だったり、それを利用して物を売り込んだりしているが、ある部分で情報をもっと豊富に扱える技術は必要だが、ある町の全てのレストランのメニューが全部町角でコンピュータから出てくる必要などは無いのである。このようなことは情報化というものに溺れているというか踊らされている。そういう状態が十九世紀末からオルガン造りの世界にあったし、それが今だに克服されていない状況である。

伝統を見直す時

現代のオルガン造りにおいて、長い歴史をかけて積み上げてきた伝統的技術を、今こそもう一度見直していく必要がある。それ以外に、もう答えはない。あるいはもし、十九世紀以前の伝統というものを、どうしても踏襲したくないのなら、オルガンが良い音になるまであと四〇〇年はかかるだろう。

ということは、オルガンを形造る要素というのは非常にたくさんあり、それを自分で組み合わせて全部試してみないことには、どう造ったら良いかということは分からない。それを、ヨーロッパのオルガン・ビルダーは一〇〇〇年かかって身につけた。オルガンがヨーロッパに入ったのは、八世紀から十世紀頃で、少なくとも十五世紀には良いオルガンが出来ているから、五世紀かかって達成した。それが基本的には変化せずに、少し別な、二段鍵盤にするとか、いろいろな音色のリード管が増えるとかという技術が、加えられていった。

骨格は十四世紀にはすでに出来ていて、非常に美しい音の、しかも何百年ともつオルガンが造られていて、今も残っている。ヨーロッパで一段鍵盤か、一段鍵盤ペダル付きのオルガンが出来るまで、いろいろ試行錯誤を経ながら五〇〇年かかっているわけである。その後、特にヨーロッパの北の方では、オルガンは一〇〇〇年か二〇〇〇年の間に、非常に巨大なもの、鍵盤の数が多い、非常に複合した楽器として、発達した。

今造られている多くの大きいオルガンというのは、それと同じくらいの規模を持っているわけである。ところが、現代のオルガンは、たった一本の笛が美しく鳴るかどうかというような非常に基本的なところで、十五世紀、十四世紀のオルガンにしばしば劣っているのである。しかも伝統的技術というものから学ぼうとしないで、これからの技術だけで行こうとするならば、昔の人がかけたと同じ年月がかかると考えるのが、当然である。というのは、音楽あるいは、美術に関しては、現代は過去の時代に比べて、何も特別優れていないからである。昔の人が自然科学の面で、一〇〇〇年も二〇〇〇年もかかったことを、今は半年か一年でやってしまう。楽器についてもそういうことが出来るだろうというのは、あまりにもばかげた想像である。

宗教とか哲学とか美術とか音楽とか、そういうことに関しては現代も過去も、早さという面では全然変わっていないのである。その巨大なオルガンを造りながら、笛一本に至るまで、昔と同じように、もちろん、同じものを造るという意味ではなくて、全く違った形でもいいから開花させようとしたら、これから数百年かかると思う。私はそんな悠長さは持ち合わせていないし、すでに良い方法があることが分かっているのである。言ってみれば、今のオルガン造りたちは足し算や引き算をしなければならないものを、微分積分で一所懸命取り組んでいるようなものである。基本的なオルガンの姿を見据えようとしないで、プラスティックだ、電気だ、電子装置だといって、オルガンに取り組もうとすれば、これは「二プラス二は四」であるということを微分積分で答えを出そうとしている姿に似ている。あまりにもばかげているというのが、ある種の現代のオルガンに対する私の見方である。

鍵盤楽器の落とし穴

オルガニストが演奏を通して表現する内容とその手段はいろいろあるが、そのうち楽器の構造上の特質からくる問題、あるいはオルガンという楽器の性能とか性質というものと一番深く係わっている部分について述べたい。

楽器を演奏する——声楽家も自分の喉という楽器を演奏するわけだが——そのとき鍵盤楽器以外の演奏家は、どういう音を出すか、どのようなピッチや音量でどのように発声するかということに神経を使い訓練を積む。声楽家は発声練習を、ヴァイオリニストはヴォーイングの練習を絶えずしなければならない。ところが、鍵盤楽器というのは、それらの中で、音を出すのが一番やさしい楽器である。ハープシコードにしてもピアノにしてもオルガンにしても、音を出す時、調律ということから解放されている。その意味で鍵盤楽器の演奏は声楽やヴァイオリンよりやさしい。

鍵盤楽器以外の音楽家たちは、音の高さについて非常に注意深く演奏する。そうしないと調子がはずれてしまう。ところが鍵盤楽器を弾く人は、調律師が前もってしているはずだから、注意を払わなくてよい。そのために自分で弾いた音を自分で聞いて確かめる習慣が非常に希薄になっている。

ヴァイオリンの場合、ある音が正しい音程で鳴っているかどうかということは、演奏者の責任なのだが、鍵盤楽器奏者にとっては、全然関係ないのである。その鍵盤を弾いたということだけで、彼の責任は終わる。そのために全く音を聴かない習慣が出来ているのである。そこに、鍵盤奏者の陥りやすい落とし穴がある。

昔からクラビコードを使って練習しろと言われているが、これはそのこととも関係している。クラビコードでは、打弦したあとキイを押さえていないと鳴り続かない。そして押さえている力が強すぎると、ピッチは上ずる。ちょうど良い強さで、鳴っている間中キイを押さえていなければならない。そのちょうど良い強さというのは、耳で聴いていて、ピッチが正しく保たれているということで、一音一音確認しながら演奏していく。そういう意味でクラビコードは、鍵盤楽器でありながら、他の楽器と同じような音を聴くという習慣を演奏者につけるのである。

自分の演奏に酔う前に、作曲家が意志をもって、一つずつの音符を書いているのであるから、その音を弾く人は、ヴァイオリニストや声楽家と同じように、注意を払い、責任を持って、音を出すような習慣を付けなければいけない。それは、鍵盤楽器を弾くことでは、なかなか付きにくい習慣であり、オルガニストは不利な条件を負っているのである。そのことを自覚することは大事である。その意味で実際、クラビコードでなくても、オルガン、良いトラッカー・アクションを持ったオルガンの場合、笛の発音や音の終止の状態に、オルガニストのタッチが影響する。

楽器が良く出来ている場合には、影響の度合が非常に大きいが、残念ながら、現代の多くの楽器はその意味では良く造られていない。造られていない場合には、影響の度合が少ないことは確かだが、トラッカー・アクションであれば、かなり悪い楽器でもいくらかはある。その音の発声と音の終止とに、注意を払うということでオルガニストであっても、自分自身の音を作り出すよう訓練することが出来る。

音と静寂

ロマン派以後、数十小節にわたる長いクレッシェンドやディミヌエンドが重要な音楽表現法となっている。それより前の音楽では、もっと短い単位で、例えば一つずつの音の強弱の対比や、一つの音の中での強弱の変化ということに、より重点があった。だから、ロマン派の音楽もロマン派以前の音楽も強弱ということが重要になっている。私が、音楽学校でオルガンを勉強していた頃、私の周りではこれと反対のこと、つまりロマン派以後は強弱の音楽だが、それ以前は強弱というのは、その音楽の演奏技術の中に意識的に取り上げていなかった、と言われていた。今、学生がそのことをどう思っているか私は知らないが、あまり変わってはいないのではないか。しかし、これは誤りであり、大ざっぱな見方である。ロマン派的な強弱というものは、それ以前の音楽には無いものだから、強弱は無かったと早のみ込みをしている。

最近の古楽の良い演奏を聴いてみるとはっきり分かるが、そういうことではなくて、もっと細かい強弱の変化、短い時間内における強弱の変化が、重要視されている。その中で音楽のリズムや表現や効果というものが、形造られていくのである。

オルガンの場合、演奏上、あるいは楽器の構造上どういう方法で強弱が出来るのか。もちろん、よく知られているように、ストップを増減したり、鍵盤の交代によって、強弱を表わすということはあるが、もっと基本的なこと、一つずつの音符に関わること、あるいはもっと初歩的なことといってもいいが、それをはっきり理解し習得してほしいと思うのである。ある音符を強く、ある音符をより弱く聴き手に聴かせるということが強弱だと思う。

ある音が物理的に大きく鳴る、あるいは小さく鳴るということは、そういう効果を生むだろうが、そうでなくても、ある音が強く聴き手に意識されれば、それはフォルテであり、ある音が比較的印象が薄く受け取られた場合には、それはピアノなわけで、そういう意味での強弱を、私は問題にするのである。オルガンでは、ストップの操作や鍵盤の交代ではなくて、鍵盤から指でどういうふうに響かせるかということである。

具体的には、例えば、八分音符が連続して並んでいるような場合、それは同じ音符であっても、各々は音楽上、互いに異なった意味を持っている。それぞれの音が実際に鳴り響いている長さをリズムが許す範囲内で多少増減することにより、長く鳴っていた音が人の耳に印象が強いし、短く早めに鳴り終わった音というのは、印象が薄くなるわけであるから、それを利用して強弱を表わすということができる。しかし、非常に音を短くする、つまりスタッカートのように他と際立った動きをすると、その音は鋭い印象を与えてフォルテになる。ほんのわずかな、音の鳴り響く長さのコントロールによる、強弱の表現というのは、オルガンの演奏の一番初歩である。鍵盤に向かって、それでは、最初はドレミファを弾きましょうと言った時に、すでにそのことに注意を払うことは可能であるし、オルガンを最初に弾き始める日に、そのことを私は勉強すべきだと思うのである。

ドレミファソラシドと四分音符が並んでいる時に、ドの音を少し長めに、レの音を少し短めに離し、少し「間《ま》」を置くことで、次のミの音が強く響く。そして、ファの音はこの音につながって入っていって、ファの音が少し短めに切られて、ほんのわずかな間を置いて、ソの音が響く、そういうことで、ドとミとソという音が、人の耳に強く印象づけられる。ドーレ、ミーファ、ソという形で、強弱、強弱、強が耳に聞こえる、そういう具合に耳に聞こえるように弾くということ、それがオルガンにおける強弱の基本である。

物理的には何も強くも弱くもないではないか、という人があるかもしれないが、物理的なことは関係が無いのであり、音楽というのは人に聞かせるために、人の耳に、強く印象づけられたり、弱い印象しか与えないようにすることが出来れば、それはフォルテであり、ピアノである。オルガンではそれが可能であるし、いつでもそう出来なければいけない。それがオルガニストの一番の初歩的なテクニックである。

だから、一番初歩的ということは、基本的に重要なことで、オルガンを勉強する人、あるいは教える人は、一番最初に教えたり、教わったりしなければならないことである。それができていない人が、より複雑な曲を勉強するということは、あまり賢い方法ではない。というのは、楽譜が難しくなると、基本的なことに注意を改めて払うということは出来にくくなるからである。

そういう意味から私は、ピアノにおけるハノン（練習曲）のようなものを、初歩の人に習わせるのは、よくないことだと思うのである。指を速く動かす訓練にはなるが、一つ一つの音をよく聴いて、自分の音を出すという練習を放棄させ、そういう習慣を無くしてしまうからである。私の言った意味で、一つ一つに自分の音が作れるようになったら、そこまで上達した人が単純に指の体操として利用するなら害は無いかもしれないが、初歩の人にとっては、百害あって一利無しだと思うのである。

拍の問題による強弱

フランス古典の音楽でイネガールという不平等な、あるいは不均一なリズムがある。例えば、四分の四拍子で、各拍が二つの音符に分かれていて、一小節の中に八分音符が八つ並んでいるような時、二つに分かれた一拍の前半分と後半分を、やや付点音符のような形で演奏することが習慣になっていた。

一拍に二つの音が並んでいる時に、それを、タータ、タータ、タータというように、いくらか前を長く、次を短くする形で演奏していく。そういう習慣がある。これは、先程述べたやり方と似ていて、前の音が長いから強い印象を持つ。次の音はごく短く演奏されて、すぐ次に移っていくために、弱い印象を与える。それで、一拍の中の強弱、あるいは表裏というような形で表現される。拍の表の方を長く弾いて、裏の方を短く弾くことで、物理的にはほとんど同じ強さで鳴る楽器であっても、心理的にははっきりとした強弱の印象を与える。このような方法もある。

この方法は、非常に抑制された形で、リズムがそのように不均一になっていることを人に気づかれないような形で使うことによって、あたかも均等に弾いているように思われるが、それでもなおかつ、心理的な強弱というものを人々に感じさせることができる。

前述したやり方を、これとの比較で、もう一度改めて説明すると、初めの場合には、強い音、弱い音を長く保持したり短くしたりするが、鳴り始めの時間というものは、二番目の例のように、付点音符のようなリズムで表われてくるのではなくて、リズムとしては、タ、タ、タ、タと、均等に表われてくる。その初めの音は、その時間いっぱい鳴らされる。次の音は、その時間の途中で、キイが上がってしまうわけである。その次に少し空白の時間があって、次の音が鳴る。

音が鳴っている時間は、長い、短い、長い、というふうになるが、鳴り始めの時間に注目してみると、それは均等になっている。だから、リズム的に均等であって、音の長さは長短がある場合、それが第一の形、それから、フランスのやり方にあるようなものは、リズム的時間的に長短になっている。そして実は、第一と第二のやり方を組み合わせることも出来るのである。それぞれの音の鳴り始めの時間が、不均等になって、長短長短になっていながら、鳴っている音の長さが、前の方が時間いっぱいで、次は、その短い時間の中でなおかつ短くすることで強弱をより一層明瞭に表現することも出来る。

言葉で説明すると、非常に理屈っぽく聞こえるが、実際音楽でやる場合には、習慣となってしまえば、ある音を強く弾きたい、あるいは弱く弾きたいと思うだけで、それが出来るようになる。

初心者が学ぶべきこと

音楽の先生は、初心者にそのことをまず指導してほしいと思うのである。そうするとオルガンの音が、いきいきと鳴るようになる。平板で単純で、無味乾燥な音ではなくて、一つ一つの音に、その奏者の意志というものが充分に反映できるからである。なぜなら、少し長くする、という場合、少しというのは、様々な段階があるわけであるし、あるいは、無限に変化が可能なのである。

リズム的な変化についても、鋭い付点音符の形から、ほとんど均等な、あるいは完全に均等なリズムまで、その間の変化というのは全部演奏者がコントロール出来る。その二つの組み合わせだけでも、千変万化がありうるし、しかも、演奏中に一小節の中でも、それを変化させていくことが可能である。

そういう意味で、笛から出る音は、物理的には、鳴り出してしまえば同じ音量で鳴っているかもしれないが、実際には聞き手に様々な印象を与える。例えば、ドレミファソラシドというものを、上がったり下がったりしているだけでも、いろいろなことが可能である。そういうことをまず獲得してほしいと思う。そのためには、バッハのインヴェンションのような曲やもっとやさしいバッハの音楽手帳の中にある短い舞曲のような作品など、ただ弾くというのではなくて、いろいろな表情をつけて弾くということは、非常に勉強になる。

プロの人たちも、もう一度そこから練習してもいいのではないか。というのは、今だに無表情な音で弾く人が多いからであり、それも日本人だけではないのである。そういうテクニックを初めて練習する場合、反応の良い楽器を使う方が望ましい。そうでないと、その表現を実行するのはなかなか難しい。

自分のほんのわずかの努力というものが、耳に聞こえてこないと、その技術を研ぎすますことは出来ない。ということは、楽器が鈍い場合には、よほど上手に、あるいは大袈裟にやらない限り、人の耳に響いてこないし、練習しているその人の耳に、響いてこないのである。自分に聞こえないことをやれと言われてもできないわけで、そういう意味で、オルガンの初歩的な練習をする時に、優れたトラッカー・アクションの楽器を使うことが大事になる。その場合、楽器は大きい必要はない。ポジティブのような小さいオルガンで充分である。あるいは、大きなオルガンだったら、例えば演奏台に近いブルストヴェルク（譜面台のすぐ上にあるパイプ群、一番上段の鍵盤から演奏される）を使うと、笛がすぐ目の前にあって聴きやすく、そのような練習には向いているだろう。

オルガンを練習する人は、私自身経験があるが、ハウプトヴェルク（主鍵盤）や、ペダルを使ったり、しかもストップをたくさん出し、カプラーも入れて、大きな音で弾きたい誘惑にかられるものである。しかし、それだけではなく、少ないストップで、なるべく良い音で鳴るストップを使い、そういう指のタッチの変化に応じて、笛の発声、鳴り終わり、あるいは鍵盤の鋭敏さというものを聴きとりながら練習することが上達のこつである。あるいは、一つの楽器の中でも違いがあるから、八フィートにこだわらずに、四フィートでもいい、二フィートでもいい、なるべく良い音で発声や鳴り終わりの美しいものを使って、それを何とかコントロールすることを試みる、ということが大事である。

その時に、キイが重くてもかまわない。というのは、キイが重い時には、少し力を入れれば、自分の思った時に、キイを下にまで押し下げることが出来るからである。鍵盤が重いということは、何も差しつかえないが、鍵盤の上がりが鈍い楽器があるので、よく注意してほしい。少し早く、一つの音をリピートしてみると誰にでもすぐに分かるが、同じ音をリピートして、指がキイから離れてしまわないようにする。上に上げる時には、キイが鳴り終わる所まで上げればいいのであり、鍵盤から高く跳びはねて、指が上がらないように気をつけながら、早く音をリピートしてみる。指が上がっていく時に、キイが指について上がってくるような楽器、それがすぐれたトラッカー・アクションの性質である。

軽いキイであっても、離した時に、あとからゆっくり上がってくる場合がある。それから、非常に重い鍵盤で、バネが強いから早く上がってくるかと予想していると、あにはからんや、早くリピートして、指が上がっていく時に、キイがあとから遅れて上がってくるような楽器がある。トラッカー・アクションとしては、非常によくないアクションと言える。そういう楽器がよくあるから、気をつける必要がある。

オルガンでは二段、三段と鍵盤があれば、各鍵盤ごとに多少違うのが普通であるから、その中で上がってくるのが一番早い鍵盤を選んで、そこで基本的な、自分の音を作り出す訓練をやってみるといいのである。先程から述べているように、音の強弱というのは、音の長さに関係してくる。その長さというのは、弾き始めてから弾き終わるまでであり、弾き終わる時に、楽器の鍵盤が指より遅れて上がってくるようでは、その人の終わらせたい時に音が終わらないのである。このような鈍い楽器では、初歩的で基本的な訓練というのは出来ない。多くのオルガニストはそういうことが下手だったり、まるで頓着しないのは、鈍いトラッカー・アクションのオルガンが、現在多く造られているからであり、大変残念なことである。

八フィートのプリンツィパルで二声部の曲を弾く場合を考えてみよう。低音部の方、一番下のオクターヴというのは、プリンツィパルの場合、やや発音が遅いのが普通である。もちろん、なるべく早い方がいいわけだが、しかし、早過ぎるのもよくない。そこに、自然な発音というものがある。大きな管の中に振動が起こって、それが成長し安定するのには、何十分の一秒ではあってもある程度の時間がかかる。その時間があることで、その笛は自然な音に聞こえる。だから、低音部の方で、早いパッセージを弾く時には、その発声によく気をつけて弾いていないといけない。弾いたから鳴っているはずだと思って弾いていると、聴いている人には充分にはその音が聞こえてこない場合がある。笛が充分に鳴りきらないうちに、キイを離してしまうというような演奏を、まだ見受けることがあるが、それは、演奏者が自分が弾いた音を聴いていないことから起きてくる。

楽器が悪くてその笛の発音がかなり遅い場合、これは楽器が悪いと言って、その左手の低音部の速いパッセージを、速く弾いて鳴っていなかったとすれば、その演奏は、失敗したことになる。というのは、楽器が悪いことを、人々に聴かせるのが演奏なのではなくて、その人が、その楽器を使ってある音楽を人々に聴かせなければいけない。もし発音が鈍ければ、鳴り出すまでその音を保持しなければいけない。しかし、それが終わってから次の音に移ろうとすると、そこでは、演奏が延びてしまう。延びてしまわないように、次の音も弾きながら、前の音が鳴るまで指を押さえておく必要がある。オルガニストが、よい演奏をしようと思ったら、全部楽器にまかせるのではなく、演奏者がまず自分の演奏を聴いていなければいけない。

低音部の方が、ほんの少し発音が遅いというのは、良い楽器でも当たり前のことであり、楽器が悪い場合には、なお顕著なことであるが、演奏者は、それをカバーするくらいの耳と腕を持っていないといけないのである。

発音の早さというのは、楽器によっても、音域によっても変わってくるのが当然である。そのことに気をつけなくてはいけない。もちろん、一つの音が鳴り切るのに〇・五秒もかかるようでは困るので、何十分の一秒という早さである。

例えば、タクト九〇、四分の四拍子の曲を弾いているとすると、四分音符一つが、〇・七秒くらいになる。その中にもし、一六分音符があると、十分の一秒くらいしか各音符に割り当てられない。十分の一秒というと、笛がやっと鳴り出すくらいのこともありうるわけで、その場合には、いわゆるオーバー・レガート、ある音を弾いて次の音を弾いた時、前の音をすぐに上げてしまわずに、残しておく、そういうような形で弾くという極端な場合もありうるかもしれない。その判断というのは、その人の耳がしなければいけない。

だから、先程述べたような、ある音を少し長く弾いたり、少し短くしたりということが、耳で聴いて反射的に出来るようになっていなければならない。これはオルガニストの基本的なテクニックだと思う。ヴァイオリニストが、ゆっくりヴォーイング（弓さばき）の練習から始めるように、オルガニストは、そういうことが出来なければいけない。ただ単に楽器のせいにして済む問題ではないのである。

合唱指揮者とオルガニスト

次に学んでおかなければならないのは、風の使い方である。ここで、合唱のことを考えてみると、合唱指揮者は、指揮を始める時に、全員を見わたして呼吸を揃えなければいけない。みんなの息を合わせるため、音を出す前に全員に対して手を上げる。打ちおろす前に手を上げることによって、みんなが息をして、そして歌い出すのである。息を吸うのが全員揃わなければ、歌い出す時に息が無くて歌えないからである。また、あるフレーズを歌って、次のフレーズに行く時にも、指揮者は全員に息をさせて、次の音を全員が同時に歌い出す。オルガニストは、こういう指揮者のようなところもある。ある音を出す前に、息を整えるのである。その技術がないと、オルガンを充分に弾きこなすことが出来ずに、オルガンの息を乱してしまうことになる。下手な指揮者が、充分に息が出来ないような指揮をして、みんなが息切れをしたとする。その時、もしかしたら、その指揮者は、息の仕方が下手で、自分の棒についてこれないから、この合唱団は駄目だと言うかもしれない。しかし客観的にみれば、それは指揮者が悪いのであって、全員の息を整えることが出来なかったために、うまく歌えなかったのである。私はオルガンの演奏に関しても、こういうことは、しばしばあったと思う。

特に十九世紀以後、オルガニストがピアノで練習するようになり、ピアノで、充分に難しい曲も、早い曲も弾けるようになった人が、オルガンの所に座った時には、簡単な息をさせることの技術が身についていないために、息をさせないうちに、いきなり鍵盤をたたく。もちろん、オルガンの場合には最初に、ふいごに風が貯っていて安定しているから、最初の音は問題が無いのだが、あるフレーズから次のフレーズにいく時に、ふいごとか、オルガンの内部の風が安定する何十分の一秒という時間を上手に待ったりすることができないと、オルガンの風というのは不必要に、あるいは不自然に揺れたり、風が足りないような印象を与える。そうすると、オルガン・ビルダーは、しばしば「このオルガンは風が足りない」と怒られるのである。ふいごが小さすぎる場合もあるが、指揮者であるオルガニストが、息を整えなかったために自分の相手である楽器の息を整える余裕がなく破綻をきたしていることも多いのである。

特にピアノで勉強してきた人は、そういうことを知らずに弾くと、その時に息が揺れてしまう。こうなると、オルガン・ビルダーに非難が集中して、十九世紀から二十世紀にかけて、オルガンのふいごは、奇妙な発達を遂げることになり、まるで肺がない人のようになった。それがシュウィマーベローというもので、この出現がふいごの最高点というより最悪点に到達したわけである。

それで今、多くのオルガン・ビルダーが、指揮者が合唱団の息をコントロール出来るのと同じように、演奏者がコントロール出来る風のオルガンを、もう一度復興させようとして、かなりの成果を上げている。

オルガンの息は先程の音の強弱の時と同じように、音の終わりと非常に関係している。コラールのような、和声が連続している曲、ソプラノからバスまでそれぞれの音が同じ長さで、同時に進行していくような曲が演奏される場合を考えてみよう。あるコードを弾いている時には、ふいごから、オルガンのチェストに向かって風が流れていて、風がチェストから笛に向かって、開いたパレットを通して流れ、その時には風の流れは、どこでも同じ速さで動いている。一つのコードが終わった瞬間に、パレットが閉じて、そこに風がせきとめられる。ところが空気には質量があるから、動いていた空気を一方で突然止めても、あとの他の空気はそれでもまだ動きを止めないので、瞬間的にパレットの下では風圧が少しだけ上がる。今度はその上がった風圧が風をふいごの方へ押し戻す。するとオルガンの内部で風が逆の方向へ動き出す。さらにその逆方向に動いていった風は、少し行きすぎて、パレットのすぐ下の風を吸い出すような方向へ動いていく。そして、それがまたふいごから押し返されて戻ってくる。

設計がまずい場合には、それがいつまでも繰り返され、よくできたオルガンでは、一回ほどで止まる。そうすると、鍵盤を離して、すぐその次の瞬間に弾くと、流れていた風がせき止められたために、パレットの下の風圧が高くなっている、そこで鳴れば、それはほんの一瞬のことだが強い音で鳴り出すわけである。

次にそうではなくて、一度せき止められて風圧が上がったものが、ショックが逆方向に働いて、風圧が一瞬低くなった時に、次のコードを押すとその音は、風が足りないような印象になる。それから今度はもう少し間をおいて、何十分の一秒かの間をおいて次の音を押すと、その時にはこういうショックはすでにおさまっていて、全員が充分息をした時のようになる。すると、今度の音も曲の最初の音と同じように鳴る。音を止めた時に、（オルガンが鳴っていないその時に）オルガンの風には何かが起こっている、ということなのである。

それは結局声を出すのと同じで、ある一つのフレーズを終わって、みんなが息をしている時にすぐ指揮者が次の音を出せば、少し息をした人は歌えるかもしれないが、他の人は歌えない。すると、そこで、次の音は乱れる。

それと全く同じことがオルガニストの場合にも言える。コラールのような作品を弾いている時には、一つ一つの和音について考えなければいけない。一つ一つの音について、楽器の内部構造まで考えをよくめぐらして弾くというのではなく、そういうことを知っていて、鳴り響いている音に対応することが大切だと思うのである。

例えば、コードを連続するような場合にも、あるコードを弾いて、次のコードを弾いた時に、オルガンはどういう反応をするかということに耳をすましている人は、一つのオルガンで、五分か一〇分弾くことで、コントロール出来るようになる。それは、指揮者が初めての合唱団に向かった時に、しばらく棒を振っていれば、お互いの息が通い合うようになっていくのと同じである。しかし全く無頓着に、別のコーラスでやっていたと同じように指揮をしたとすれば、次のコーラスはうまく乗ってこないかもしれない。オルガンでも同じことがある。まず、オルガンに向かった時に、その風と対話をすることが必要である。

アメリカのニューイングランド音学院の林佑子氏は、「風と共に去りぬ」ではなくて、「風と共に（オルガンを）弾く」というような表現を使われていたが、オルガンの風に乗って、あるいはオルガンの風と息を合わせて演奏していくということである。これは非常に初歩的で、基本的なことである。それがうまく出来るようになり、フレーズの始まりを風が安定したところで弾くようにすると、非常に澄んだハーモニーが響く。それがまだ安定しないうちに次の音を弾くと、そこではやや激しい表現が出来るのである。わずかなことだが、それを意識して取り扱うことで、音楽の語法というものが、一桁も二桁も増えていくのである。これがオルガン造りから提案する、オルガン演奏の第二のポイントである。

調律法の魔術

それから第三のポイントは、調律法に関してである。もちろん、まだ十二等分平均律に調律する保守的オルガン造りが多い現状だが、これは今後変わらなければならない。

持続して、減衰していかないという特徴のあるオルガンの音では、ハーモニーが汚ないと、その汚なさが消えていかないためにオルガンでは等分平均律の音が特別に汚ないのである。だから、どうしてもそれ以外のきれいなハーモニーの調律法が必要とされる。等分平均律以外の調律法には、ピタゴラスの調律法からミーントーン、いろいろなウェルテンペラメント（工合の良い調律法）というものがある。そういう様々な調律法の特徴は、協和音程というものに目をつけている調律法である。平均律では、オクターヴを物理的に十二等分した音程を使う、数学的にきれいに十二等分したというだけのことで、そこには正しく調律された音程はユニゾン以外に存在しないのである。

その他の調律法では、よく協和する音程とそうでない音程とが混ざっている、つまり平均律と同じように不協和な音程も入っている。それが、オクターヴの中に十二個しか音を使わないということから生ずる矛盾であるが、十二しか音を使わないということを変えない限り、この矛盾は残るのである。そうすると、平均律以外の調律法では、協和する音程と、不協和の音程とが、一つのハーモニーの中で、常に混ざっていて、その割合がハーモニーごとに違う。

例えば、Cの上に作られる長三和音とC♯の上に作られる長三和音とではその混ざり具合が全然違う。すると、音楽を弾いていく時に、たとえ長三和音の連続であっても、一つ一つが少しずつ違うニュアンスで響いてくる。不協和音を弾いた時には、当然のことながら、平均律よりもずっとはっきりした形でその不協和音が不協和の厳しさを持って鳴り響く。その後、比較的協和度の強い和音に解決した時に、その解決する落差は非常に大きい。そのことを良く聴きながら演奏することが重要である。

十二等分した平均律では、より優れた調律法に比べると、ハーモニーが変わっていく時に起きる出来事というのは平均化されていて、非常に生ぬるい。しかも、均一的なために、あるハーモニーから次のハーモニーへ移るということが、決まりきったコンクリートの階段を上がるように一段一段いつも同じ変化なのである。そこには何の珍しさも無いし、何の新鮮さも無い。ごく当たり前に鳴ってくる。

そうすると、こういう調律での演奏に慣れた人は、和音の連続をごく当たり前なこととして、一つずつが同じものとして、処理していこうとする。ところが、協和を重視して調律されている楽器では、一つずつの和音がそれぞれ個性をもって変容していく。楽器の方は一つ一つの音に非常な個性をもって、次から次へと音の色彩感が、広がりをもって繰り広げられていくが、もし演奏者が「我関せず」と無表情に音をつなげていくと、そこに非常なずれや軋轢が生じることになる。これは演奏効果の上では、不愉快なものとして、人々の耳に聞こえてくる。

この時に、その調律法やそういう楽器を上手に演奏された場合の効果について知っている人が聴くと、演奏者が楽器の音とまるで無関係な演奏をしたということが歴然とするが、それを気付かない人が聴くと、音楽が変なふうに響いたと感じ、それをただ調律法や楽器のせいにしてしまう。この場合そこで起きている出来事を演奏者自身が耳を澄まして聴き、先程の風と同じように、その変化と自分が一対一で呼応しつつ、響き合いながら演奏していくことで、その人の演奏は平均律の楽器で弾くよりも、ひと回りもふた回りも効果の幅を増してくるのである。

演奏の基礎

自分で弾いた音をどのように聴いて自分の音を作っていくかということは、全ての演奏家に言えるごく基本的なことであるが、オルガンの世界では、レジストレーション、鍵盤交替、曲の解釈や音響的な複雑さによるおもしろさを操ることが、基本的な技術であると思っている人たちがいる。しかし、例えば、ヴァイオリンでは、まず開放弦でヴォーイングの練習をして、弦を美しく鳴らすことから始める。そのようにして自分の音を出すという基礎を学んでから、リズムや強弱を訓練したり、あるいは音楽の内容に立ち入ったりして音楽に迫っていくのである。

声楽家で言えばまずいかに発声するか、どのように自分の声を体に共鳴させるか、効率的に音を出すかを学びとってから、他のテクニックに移って自分の音楽を作っていくと思うのである。そういう意味で、自分の音を作る、自分の楽器をまず鳴らすということが、一番の基本になっているはずである。

オルガンも全く同様である。オルガンが理想的な形に造られている場合には、オルガニストは自分の「音」を作ることが出来る。自分の音を作れるような楽器の上で、それをコントロールする指と耳のテクニックが、まずオルガンでドレミファを弾き始める時に問題である。そうした上で、それだけ出来ればよいのではなく、それは最初であり、一つ一つのキイ、あるいは楽譜で言えば何百何千とある音符の一つ一つについて、自分の音で弾いていくことが出来るようになり、それがその人の演奏のベースになる。あとはレジストレーションや曲の解釈や鍵盤交替、曲の様式感などのテクニックを学んでいくのが順序である。私がやかましく言うオルガンにおける鍵盤のタッチというのは、ヴォーイングや発声というオルガンを鳴らす基礎段階なのである。電気アクション時代に、オルガンが機械になってしまった時に、タッチということをオルガニストは勉強しなくなってしまったのである。

タッチの定義

鍵盤への「タッチ」の意味するところを、明確にしておかないと誤解が生じる。つまり、オルガンで言う「タッチ」は、笛を指でいかに吹くかということである。

オルガンを勉強する人たちの多くは、ピアノで学んでからオルガンへ入っていく。その際よく知っておかなければいけないのは、オルガンでいうタッチは、ピアノでいうタッチと根本的に別のことを差しているということである。

ピアノでいう「タッチ」は、いかに音量をコントロールするかである。すばやく強く鍵盤をおすと、強い大きな音量が得られ、また優しく静かに鍵盤を弾くと、ささやくような弱音が得られる。フォルテとピアノの差を、「タッチ」によってコントロールするのである。それをそのままオルガンに応用した時、オルガニストたちは、ピアノでいう「タッチ」が役に立たないと思ってしまうのである。すなわち、強く弾こうが弱く弾こうが、オルガンでは音量の変化は得られない。

十九世紀はピアノが楽器の王様であった。すなわち、鍵盤楽器は全てピアノに代表される。従ってピアノの奏法は、金科玉条であったとも言えるのである。ピアノの「タッチ」をそのままオルガンに持ちこんだオルガニストたちは、オルガンは「タッチ」の変化を受けない楽器だと思ってしまった。その結果、オルガンでは、タッチは関係ない技法だとまで思ってしまったのである。これはタッチに対する認識の誤まりから始まった大きな誤解である。オルガンは、笛をふいごで作られた風によって吹く。しかも鍵盤を通じて指で吹く楽器なのである。

例えば、小学校や中学校で使われているたて笛（リコーダー）のことを考えてみよう。リコーダーは人の息を吹きこんで鳴らしていく楽器であるが、その吹き方で音に変化をもたらすことが出来る。ニュアンスの差を息の吹き込み方で変えられるのである。しかしたて笛の場合、強く吹いても、弱く吹いても、音量の変化というのは、それ程大きくない。オルガンもこのリコーダーの場合と同じことが言える。いかに笛を吹くか、これを実は「タッチ」によってコントロール出来るのである。

トラッカー・アクションはそれを可能にする最も単純かつ確実な方式である。すなわち、良く出来たトラッカー方式のオルガンでは、笛の鳴り始めと鳴り終わりを指先でコントロール出来る。鍵盤を押し下げていく時と、鍵盤を上げていく時のコントロールがそれである。オルガンをピアノのタッチで弾いた時にはオルガンが反応しない理由がここにある。

逆の場合を考えれば分かるかもしれない。例えばリード・オルガンという楽器があるが、それだけを弾いたことがある人が、ピアノを弾くと、リード・オルガンは鍵盤が軽いから、それで慣れた人はピアノからフォルテが出せない。それからピアニッシモも出せない。いつも同じような音量の同じような音色しかピアノから出てこない。非常に単調になる。それはピアノが悪いのではなく、その人のテクニックがピアノのテクニックではないからである。

残念ながら、それと全く同じことが長いこと、そして今だにオルガンの演奏に起きている。ピアノのテクニックでオルガンの鍵盤を弾くからである。ピアノではいろいろなピアノ的テクニックに楽器が反応するが、オルガンはピアノのテクニックでは反応しない。それで非常に単調な音楽が出来ているのである。そのためにしばしば見受けられるように、オルガニストたちが非常に早く演奏して、その単調さを補い、あるいは、不必要なほど頻繁に鍵盤交替やストップの交替を行ない、あるいは演奏会のプログラムに、極端に離れた時代の音楽、現代音楽から、中世の音楽までずらりと並べるというようなことをする。

これは、ピアノのタッチでオルガンを弾くと、オルガンが単調な反応しかしないからである。あるいはオルガンのリサイタルは、一時間以内が良いという専門オルガニストたちがいる。なぜなら聴衆が飽きてしまうからだという。しかしそれはピアノのテクニックでオルガンを弾こうとしたために起こった悲劇である。

オルガニストはもっとオルガンという楽器の構造や仕組みに関して、知識を持たなければいけない。楽器の長所、短所を知って、それをうまく演奏に利用していかなければいけない。音の強弱を音の長さで表現するということは、実は他の楽器でもやっていることである。風をコントロールしながら、あるいは息を合わせながら弾いていくオルガン演奏技術は、息のある良い楽器が無くなった今世紀になって消えていったのである。そういう楽器がなければ、そのテクニックを持っていた人も使えなくなるし、そういうことを教えることも学ぶこともなくなった。オルガンの息に合わせて弾くという奏法が学生も含めて演奏家の間で消えてしまった。そのため、息づくようなふいごを持ったオルガンを造るということが改めて始まったのである。演奏者にとっても、オルガン造りにとっても、これは再発見して再開発しなければならない新しい技術である。

今、このようなふいごを持ったオルガンが徐々に造り始められているが、それぞれの楽器が、かなり違った個性を持っているのが現状である。それをどう弾くかということがまだ実験中なためである。どういう反応をする楽器が一番弾きやすくて、一番効果的に演奏が出来るかということについて、世界的に見てまだ開発途上という所があるからだと思うのである。

そういう意味で、オルガン造りも、オルガニストの意見を入れながら、いろいろな改良を加えて良いオルガンを造っていく必要がある。またオルガニストも、風に乗るという経験をせずに積み重ねてきた今までのオルガンの演奏技術だけで弾いて、あまり早々と楽器の良し悪しを言ってしまわないで、良いオルガンを造るための良い芽をつぶさないようにしてほしいと思うのである。お互いに試行錯誤しながら、確立していく必要がある。

オルガン造りの方はこれでいいはずだと思っても、オルガニストがどうしてもそれをコントロール出来なければ、それは改良しなければいけないし、オルガニストの方も、このオルガンは弾きにくい、風が揺れるというようなことで弾きにくいという時も、自分の演奏法が充分なのかどうか、自分が原因で、無様な演奏になってしまうのではないか、ということも、やはり一度考えてみる必要があると思うのである。

冷たい機械ではない、生命のあるような、道具としての柔軟性を備えたオルガンを、全てのオルガニストがいつでも弾けるようにならなければならない。良いオルガンを要求する権利がオルガニストにある。それは同時にオルガニストの義務でもある。オルガニストが努力しなければどうして良いオルガンが生まれてくるだろうか。

建物の響き

オルガンの音は残響がないときれいに聞こえないと言う人がいるが、私はその考え方には必ずしも賛成できない。

オルガンの音の良し悪しというのは、他の楽器と同じように、やはりオルガンの楽器そのものによって決まってくる。残響が非常に長い所で楽器を鳴らすと、歌を歌っても同じだが、いろいろな欠点をカバーする性質がある。

これは、日常人々が経験していることだが、よく響く所で合唱団が歌うと今までよりもずっと上手に聞こえる、お風呂場の中で歌うと誰でものど自慢になる、そういう風に音が長くのびると、前に出した音とそれから少しあとに出した音とは、重なっていく、そういうことで音の像の輪郭がいくらかぼんやりするが、それが一つの効果を生んで、もともとの音よりも暖かい、柔らかい音にしてくれるのである。それで残響がある所ほど、オルガンの音もきれいに聞こえる。しかし残響がなければ、オルガンの音は美しく響かないのかというと、そうではない。残響がある所で、下手な人も、のど自慢になるが、残響のない所では、本当に上手な人しか、きれいに歌えない。オルガンも同じである。残響がある所では、あまりよくないオルガンでもきれいに響く。そういう意味では、良くないオルガンには、残響が決定的に重要だが、良いオルガンの場合には、残響があればもちろんもっと良く鳴るが、無いからと言って、その音が貧弱になるということではない。しばしば言われている、「オルガンは残響が無い所に入れても駄目だ」という言葉は、正確に言えば、「良くないオルガンは、残響が無い所に入れたら、良くないことがはっきりしてしまう」ということだと言える。

ここでもう一つの問題がある。それは、オルガンの作品である。オルガン曲には、作曲家によって傾向はいろいろ異なるが、特定の楽器、自分がいつも弾いている、どこそこ教会の、何年に造られたオルガンそのものの音から、出来上がっている場合がある。例えば、イタリアの教会堂や、スペインの大聖堂というものは、非常に長い残響があるのが普通だから、こういう所で弾かれることを想定して作曲された作品、あるいは作曲家が意識しているといないにかかわらず、そういう所で生まれた作品というのは、残響を利用して、演奏効果を上げることを考えているから、演奏には、そういう場所が必要になる。

これは、オルガンが、長い残響を必要とするというよりも、むしろ、このような過去の作品が長い残響を必要としている。このことは、どの作品にも当てはまるわけではない。しかしオルガン曲を作曲する人の中には、ある特定の楽器の音色やある特定の教会堂、あるいは、ある特定の地域の教会堂の傾向というものを考え合わせて作曲する人もいるし、あるいはそういう条件からもう少し離れて、音と音との構成によって、音楽を作っていくバッハのような作曲家もいる。特定の楽器というよりも、楽器と少し距離を保って、作品が作品として自立しているような作風である。もっともこのことはどちらが優れているという問題ではない。このような二つの傾向が、オルガンの作品にはある。楽器や音響の条件と密接に結びついた作品では、そういう作品を今演奏しようとすると、やはり響きのある所に、望ましい音色のオルガンがあることがかなり重要になってくる。

バッハの作品の場合などでは、もちろん、程度の問題だが、私はそれほど建物の残響とか特定の音色の楽器との結びつきは無いと思う。それだけバッハの作品は構築性のある音楽で、それらの条件を超えているからとも言える。ヨーロッパでは、大きな教会よりも小さな教会の方が多い。例えば、ある地域のオルガンを全て網羅した何々地方のオルガンということで、大部分のオルガンの写真とそのストップ・リスト、仕様、建設された時期が書いてある資料がよくあるが、そういうものを見てみると圧倒的に小さい楽器が多い。一地方に大伽藍、大聖堂というのは一つ二つあり、地域教会がたくさんあって、郊外の村々には、もっと小さな教会がまたたくさんある。その全てにオルガンがあるから、大聖堂の大オルガンはほんの片手ぐらいの数で、小教会の小オルガン、あるいは一段鍵盤のオルガンが何十何百とあるのである。そして、それらの教会全部でオルガン音楽が演奏されている。

以上のことを考えてみれば分かるが、長い残響のある大伽藍で大オルガンを聴くこと、これはとてもユニークで人々が昔も今も楽しむが、一〇〇人、二〇〇人の小さい教会堂では非常に長い残響が起きるということは物理的に無い。小さな教会では、残響は短い。そういう所のオルガンでも、小型で気品のある楽器が、ヨーロッパの小教会にはたくさんあって、古今のいろいろなオルガン音楽や、あるいは、即興演奏という形でオルガンが演奏されてきている。それが、むしろ本当のオルガン音楽の世界である。

その中で、やはり大聖堂のオルガン、そしてそこで優れた演奏を、優れた演奏家がしていることが多いし、人々の興味をひく。そういう理由から、そういうものだけがレコードなどを通して日本に紹介される場合が多い。オルガンの世界のごく一部分が紹介されているに過ぎないのだが、大伽藍の大オルガンのすごい残響というものだけが、オルガン音楽のように誤解されてしまうということが日本では起きている。

残響の魅力

オルガンという楽器だけ、残響が必要であるように普通思われているが、そのことについて納得のいく説明がなされていない。残響のある教会堂がたくさんあり、そこでオルガンが発達してきたということは事実だが、それだけではオルガンに残響が必要だという充分な理由にはならない。この頃私が思うのは、人々は残響そのものが好きだということである。

洞窟に入ったり、トンネルに入ったり、あるいは広々とした教会堂に入ると、誰でも手をたたいてみて、響き具合を自分で試してみたい誘惑にかられる。ということは、人々にとって音がワァーンと長く響くということ自体がおもしろくて興味の対象なのだと思うのである。響きが非常に良いということだけで一つの快感を覚える。だから、手をたたいて、響きを確かめてみるだけでもおもしろいが、教会にはオルガンがあるから、オルガンを弾くことでその響きをもっといろいろに変化させて楽しめる。つまりオルガンにとって残響が必要というよりも、少し極端に言えば、残響にとってオルガンが必要である、残響を人々が楽しむためにオルガンの音が利用されるというようにも言えるのではないか。

あまり良くない楽器、あまり良い音でないオルガンでも、残響が長いときれいに聞こえるということがしばしば見られるが、もしかしたら残響の長い所ばかりで仕事をしているオルガン造りの中には、良いオルガンを造っていない人がいるかもしれない、とまで言えるのではないか。

その反対のことは確実に言えるわけで、残響のあまり無い木を多く使った（これは寒さと関係していて、寒い所では木を使って暖かくしようとする）北ヨーロッパ、北ドイツの教会堂のオルガンは、残響が無くても、非常に美しい音で響いていることがある。良いオルガンであれば、残響がなくても美しく響くということは、実際にあるのである。残響が長くなければ、オルガンは良く響かないというのは、間違いであって、美しい残響が豊かにある所では、オルガンは、そのオルガンが本来持っている美しさがより引き立てられることはあるが、その楽器自身がすでに美しい場合には、残響は無くても美しく響くことを、もっとみんなが知っていてもいいのではないかと思う。

ヨーロッパの、石を主体とした建物と比べて、日本の建築は木を中心に作られている。ヨーロッパのような石造りの建物は、今後も建たないだろうと思うが、石にもいろいろな種類の石がある。石造りの建物はなぜ残響が長くなるかと言うと、空気の振動が伝わっていって、壁にぶつかった時に、その壁が振動しなければ音をはね返す。ところが、壁がやわらかく薄い板などでできている場合には、空気の振動によって壁が振動して、壁の外に音が行ってしまう。あるいは、壁に音が吸収されてしまう。それが、例えば、磨かれた大理石の表面などに、この音が当たると、石は全然動かないで、音を全部、ほぼ一〇〇パーセント、室内へ反射する。

そういう理由で、一度発せられた音が、あちこちの壁にあたって、例えば、ここに五秒間の残響のある部屋があるとすると、音は五秒間、音が鳴ったあとで、建物の中を走り回る。音は一秒間に三四〇メートル走るわけだから、五秒間には三四〇×五で一七〇〇メートル、二キロ近く、走り回る。

そうすると、建物は二キロも距離がないから、何度も何度もはね返る。そのたびに音がいくらかずつ吸収されていって、五秒経つと、もうついに力が衰えて消えてしまう。一七〇〇メートル走り回るには、何十回、何百回とはね返ることになる。その時に大理石であれば、充分にはね返るし、それが木の壁であれば、そんなに何回もはね返ることは出来ない。数回はね返り、距離にして一〇〇メートルばかり行った所で消えてしまう。そうすると、何十分の一秒しか残響はないということになる。

ヨーロッパの南、特にイタリアには大理石が多いから、大理石の会堂がたくさんあるが、そこでは、非常に天井を高くとっている。普通、天井は建築が難しいから木を使うが、そういう所で音が吸収されていく。それから、ヨーロッパの北の方に行くと、大理石のような石がなくて、もっと表面がざらざらした、大理石よりもっと柔らかい石が使われている。作業もしやすいし、そういう石は、大理石よりも柔らかいので音を吸収するのである。さらに北の方にいくと、今度は寒さの問題があり、南の方の国では建物の床は土間であったり、そこにただ石を敷きつめているのだが、その上に板をはる。このように内部に多くの木を使っている。その結果、非常に残響は短い。いろいろな残響の建物が、実際に、ヨーロッパにはあるのである。

普通は、残響といった時、何秒音が残るか、その残る長さに注目するが、本当はどういう具合に残るかが大切である。発せられた音がどういうふうに建物の中を反射してはね返りながら広がっていき、どういうふうに残るのか、あるいは消えていくのかという、残響の音色の問題がある。

今までいろいろ教会堂を回ってみて自分なりに理解したところでは、一番重要なのは、音の残る「長さ」ではなくて、残響の「質」ではないかと思うのである。例えば、手をたたいた時に、その音がパーンと長く響いていく。その時に鳴っている音色が、建物によって違うということなのである。その音色が良ければ、長い残響であってもとても具合が良いし、短い残響であっても良い響きの部屋、教会堂が生まれる。ところが、その音が妙にドーンと重たく響いたりするような場合、その響きが長いと、非常に不明瞭な音になる。言葉などはほとんど理解出来なくなるし、ポリフォニックな動きの音楽などを演奏すると、各旋律が聴き分けられない。そこでウォンウォンと鳴っているだけになってしまう。こういう長い残響というのは、音楽にとって非常に良くないし、言葉を伝えるのにも良くない。しかしその残響の質、その音色がきれいだと、残響が長くても、あるいは短くても、オルガンの音はきれいに響くし、その部屋の中で人々に向かって語られる言葉が聴きやすくなる。

良い響きというのは、残響の長さではなくて、残響の美しさだと思うのである。それは、大きな建物でも小さな建物でも美しいことがあるし、また美しくないこともある。大きくて長い残響があれば良いという考え方は、非常にいい加減である。そこに日本の建物での美しい響きを求めるポイントがあるように思える。

美しい残響の特質について考えてみよう。まず最初に音響学者が測定したのは、残響の長さである。例えば、非常に激しく手をたたくとか、ピストルを打つというような音などは瞬間に音が起きて、瞬間に終わってしまう。ところが、人の耳にはワァーンと長く響いている。その音がいったりきたりしているのが聞こえているので、その時間を測ったのである。

次に、ピストルの音のような種類ではなくて、高い音がどれだけ響くか、低い音がどれだけ響くかということを別々に計るようになった。それは周波数による残響時間の長さである。

そのように、残響というものを、音響学的に、数量的に捉えようとすると、いろいろな面から捉えなければならない。今はずいぶんいろいろな測定の方法が発達していて、いろいろな側面から捉えているのだろうが、私が今言っているのは、定量的な器具を使って捉えるやり方ではない。例えば手をたたいた時にある音がするが、この音は誰にでも分かる。その音をよく響く部屋でたたいた時に同じ音色が響いているとすれば、一つだけポンとたたいた時の音色と同じ音がポーンと響いていて、これは、とてもいい素直な残響だということである。

ところが、手をポンと、同じたたき方である部屋でたたいた時に、ドーンと重い音で鳴る場合がある。それは、その建物が手をたたいた時の振動の中のある部分だけを響かせているからである。ちょうど色メガネで見るようなもので、もともと非常にカラフルな世界を赤いガラスを通してみると、全部赤く見える。カラフルな光の中から赤だけを濾過して、その赤だけを見ているからなのであるが、そのように残響というものはある癖を持つことがある。

最初に鳴った音の中からあるものだけを響かす。こういうものは、もとの音を歪めているのである。そのひずみというのは人の耳では、単純に簡単に見分けられる。それが、物理学的に、どういうことが起きているのかと調べるのが、音響学者の仕事である。

しかし人間の耳はそういうことをわざわざ調べなくても単純に分かるのである。ある人の声を聴いた時に、これは誰それさんだ、と声だけで判断する。それは、音響的に、物理的にどういうことかと言われれば、声紋などを調べ、データを出すということになるが、知識も経験も何もない人、早い話が、一つか二つの子供が、母親の声をほぼ一〇〇パーセント完全に聴き分けられる能力をひとりでに持っている。私も、子供の時より劣っているかもしれないが、そういう能力を持っている。

このことを音響学者に言わせれば、たぶん周波数による音の残響時間の長さの相違であるとか、音の分散というような問題とか、いろいろなことを数値で表現するだろうが、こういう表現の仕方はこれから音響学が進んでいけばいくほど、精緻になっていくだろう。ある意味では無限に正確になっていくが、どこに向かって正確になっていくかというと、我々が今、聴いて判断しているそのことを、どう表現していくかということで正確になっていくだけだと思うのである。

音響学を何も知らない人でも、全然恐れる心配はないし、遠慮する必要もない。ある建物の響きが、良いか悪いかということは、耳で聴いて、これは、おかあさんの声かどうか、子供が判断するのと同じレベルと精度で判断出来ることだと思う。そのためにはおかあさんの声を充分聴いていなければ分からないのと同じように、いろいろな建物の良い響きを聞いていなければ分からない。

明瞭な音の空間

残響があるということは、一度発せられた音が、壁にはね返ってしばらく残っているということなのである。これは、少し大きな部屋で、マイクロフォンなどの助けなしに、自分の声で人に話を聴かせようとする時には、非常に重要なことである。それがないと、一〇〇人、二〇〇人の人に話をすることもできない。

壁から話し手の声が反射して来ないような、例えば、周りに何もない野原のような所で話をすると、聴き手に対しては、距離の二乗に反比例して音が小さくなっていく。だから、少し遠くにいる人には、ほとんど話が届かない。ところが、話し手の声が壁に反射してまた、その人の所にいく、こういう室内では、近くの人も遠くの人も、それほど音量を違わずに聴くことができる。

残響がなければ、話は聞こえない。残響が話にとって邪魔だというのは、最初の時点で誤りだと言える。

しかし実際に残響の長い所で、話がよく分からないということがある。残響があるから話が分からない、と人々は判断してしまうが、これは先程から言っている残響の質も問題なのである。

残響の質が悪いということは、どういうことかというと、最初に言ったように、手をたたくなどして、ある音を出した時に、この音色がそのままの音色で変わらずに残っているのが忠実な音の保持である。ところが初め出した音の中で、ある部分だけが残っているような場合、例えば光で言えば、白い光が出されているのに赤いフィルターを通して見ると、その中の赤しか見えない。このように話し手が話した音の、ある部分だけが響いていく場合、口を手でおおって話した時などに人の声がひずんで聞こえ不明瞭になる。そのように、建物の残響が、話した人の声を変形してしまう場合には、非常に不明瞭になる。不明瞭になったものだけがずっと残れば、残響時間が長い場合、ますます聴きにくくなる。もし残響が無ければ、その人の声が直接届いた音だけ聴くから、距離が遠くなればなるほど、音が小さくなって、聴きにくくなるが、直接くる音は変形されていないから分かる。壁に何度も反射した音で、反射しているうちにひずんでしまった音だけが残ると、直接くる音をカバーしてしまって言葉が不明瞭になる。これを質の悪い残響というのである。

言葉は、子音と母音とから成っていて、母音は、アーとかウーとか、長い音であり、これは、楽器の音に近い。子音は、破裂音や摩擦音や非常に高い周波数であると同時に、非常に短い時間で発せられる。話す言葉とは非常に早くピッチが変化していく。だから、楽器の音、オルガンの音などに比べると、ずっと複雑な音なのである。そのような、非常に多くの情報を持った複雑な音が、妙に変形されて人々に聞こえてくると、原形が分からなくなる。

ところが、楽器の音では、ドやレという音が、しばらく持続するのだから、その音の音色が変形されてきても、ドはド、レはレに聞こえる。残響の質が悪く、しかも、長い時には、楽器の音や合唱は、歪んでしまうのだが、そのため音楽が分からなくなるということはそれほど起きない。ところが、言葉は意味不明になってしまう。悪い残響であると音楽も変質されるが、言葉はもっと害をこうむる。それだから、悪質の、長い残響を作ってはいけないのである。良い残響であれば、言葉を増幅する働きをする。ずーっと、遠くまでも響いていくのだから質の良い残響で会堂や建物が響くと話をしている人の声が通るし、それと同時に、楽器あるいは合唱で発せられた音楽の音も、素直な形で響いていく。両方に良いのである。

長い残響があると、言葉が不明瞭になるのではなくて、質の良い残響でないと、良くないということである。質の悪い残響、色メガネのような、もとの音の像を歪めてしまうような形の残響だと、言葉を不明瞭にするし、音楽も言葉ほどではないにしろ、歪められてしまう。

このような場合、もし利益を受けるものがあるとすれば、それは、音の悪いオルガンである。音の悪いオルガンが、その音の悪さを、残響で、ごちゃまぜにされるために分からなくなる。その結果、人々が聴くに耐えない音が、我慢できる音になる。だから、オルガンは残響が長いと良いが、言葉を聴く時には残響が長いと悪い、ということは、正確に言えば、悪いオルガンは長い残響でもなければ、聴くに耐えないということである。つまりオルガンの音が悪い時には、悪い音色の残響であってもやはりあった方がいいというわけである。

ホールの残響が少ないから、ヴァイオリンの音が汚ない音で聞こえるということはない、良い音のヴァイオリンは、少し音が小さくなってしまうかもしれないが、残響が無い所でも良い音で鳴るように、オルガンがもともと良い音を出していれば、残響が無くても、良い音で聞こえるのである。質の良い残響があれば、その音はもっと、美しいものになるし、また人の話し声も、非常に明瞭な形で響きわたる。だから、オルガンのために、何でもいいから残響があった方が良いという低次元の考えからは、そろそろ脱却する必要がある。

良い残響というのは、言葉のためにも非常に重要であって、美しい残響のある部屋では、マイクロフォンやスピーカーの助けなしに、普通の声帯を持った人なら、二〇〇名ほどの人には楽に話ができるということを、みんながもっと認識するといいと思う。

声の力

今の時代は、ちょっとした講演会でも、すぐにスピーカーやマイクロフォンを使おうとするが、我々の日常生活の中で、スピーカーから出る音というのは、駅のアナウンスやテレビやラジオなどのような個人的にはつながりの無い音である。物売りの宣伝や、もっと極端なのは、誰も聴きたくないのに、「お願いします、お願いします」という選挙運動の声、こういうものは、生活の中で、ほとんど耳を傾けずに聞き流す習慣ができている。その中から、自分で聴きたい音だけに耳を澄ませるのである。駅のアナウンスにしろ、物売りの声にしろ、選挙運動にしろ、聞き流すことに慣れている。だから教会で、説教をスピーカーを通して語ると、人々の反応というのは、聞き流す方に向く傾向にある。

スピーカーではなくて、肉声で人々が語りかけてくると、聴かざるをえない。語るものが自分の声で、マイクロフォン無しに語りかけると、語りかけられた人はそれを聴くという反応を起こす。

教会であっても、講演会であっても、出来ればスピーカーを使わない、これが五〇〇人だの一〇〇〇人になってしまうと、今の我々にはそういう場合に話す能力がないが、ローマ時代の指導者や日本でも昔の人たちは、大音声をあげて敵軍に呼ばわったりする。五〇〇人や一〇〇〇人ぐらいの人には、人の声で話をしたらしい。人間の能力は、潜在的にはそれだけあるはずである。それが開発される機会が無いものだから、私たちは何も出来ないようになっている。

聖書には、イエスが湖に舟をこぎ出して、そこから丘にいる人たちに向かって話しかけたと書いてある。それは確かに事実だったと思うのである。それから、ギリシアのポリス・都市国家の大きさというのは大体、一万人か二万人くらいで、それ以上、大きくなると分割した。その主な理由は、その都市国家で演説をする対象は、一万人ぐらいの人だった。それ以上だと演説が出来ない。すりばち状の盆地を使ったり、あるいは、神殿を背景にして、そこからの音の反射を利用したりした。大音声で言葉を区切りながら、人々に語った。

また、劇場などでも、クラシックの歌手は、今でも一人でスピーカー無しで歌う。二〇〇〇人、三〇〇〇人のホールで充分に独唱する。オペラを歌うときは、そのせりふがみんなに聞こえなければいけない。三〇〇〇人ぐらいの人に聴かせるだけの声を今でも声楽家は持っている。それはその人たちが特別なのではなくて、人間の声帯は、上手にトレーニングすれば、それだけの音を出せるのである。

形が音色を決める

どうしたら質の良い残響音を得られるのか。楽器というのは、全部音を響かせるものである。例えば、ギターの場合、そこに張ってあるのは、非常に細い弦である。この弦だけを空中にピーンと張って、はじくと音は鳴るが、ほとんど聞こえない。というのは、細い弦が鳴っても、空気との接触面積が少ないから、空気を振動させるまでにいかない。それを木で造った胴に振動を伝えると、胴の薄板が振動して、この音の振動を空気に伝えて、人々の耳に届けてくる。小さな楽器でも何百人という人に聴かせることができる。

そのギターの音はどこから生まれるのか。まずギターという姿がある。もちろん一つずつのギターは少しずつ違うが、これがギターだという格好があり、その格好から踏みはずしてしまうと、違う楽器になってしまう。バンジョーになったり琵琶になったり、琴になったりするように、違う楽器になってしまう。だからある音色を出すためには、それに対応した形というものがある。

これは楽器造りが、誰でも知っていることで、ピアノと言えばピアノの形をしているし、トランペットと言えばトランペットの形をしている。違う格好でトランペットの音を出そうとしたり、違う格好でギターの音を出そうとしたりするようなことは誰もしない。それは形というものが音色を決めるということを、誰でも完全に理解しているからなのである。

ところが、世の中に、そのことをまだ理解していない人たちがいる。それは建築家である。皆が黙って入って来て黙って出ていく美術館のような所では、音響的なことを考えなくてもいいかもしれないが、ほとんどの建築物というのは、音のためなのである。講演会場、市民会館という場合を考えてみても、講演をしたり演劇をしたり、音楽会をしたり、すべて音でコミュニケートする、音響空間なのである。

良い音響空間を作ろうとすれば、「形が音を決める」という楽器造りの大原則に従わなくてはいけない。これは古今東西、ヨーロッパも日本もインドも皆同じである。ある音を得ようとしたら、ある形を造らなくてはならない。だから、人々の声がよく大勢の人に通る形というものが昔からあったとすれば、建築家はその形で建物を造らない限り、その音は生まれないわけである。ところが、今の建築家は、今までと違う格好を造ることに熱中しているように私には見える。

ということは、楽器造りで言えば、今まであった楽器を造ることを止めようとしていることになる。今まであった楽器、すなわちこの場合は、今までの公会堂とか教会堂の音が駄目だったのなら、それと同じ建築は止めなければいけない。ヨーロッパに非常に多く残っている教会堂というのは、スピーカーやマイクロフォンができる前の時代にできた建物で、そういうものの助けなしに、肉声で数百人から数千人の人に話をすることが可能な形として造られた。ギターや琴の形が、音に合わせて出来上がったように、教会堂や会議室の形は出来上がったわけなのである。だからギターの形に造れば、ギターの音が出来るように、講堂の形に造れば、講堂の音を得られるのである。しかし、その形をやめて違う形をとれば、その形と共にその音は失われることは明らかである。建築家は、今まで蓄積された美しい音の出る形を、一所懸命捨てようとしているように、私には思える。

現在たくさん造られている新しい礼拝堂や講堂では、音楽も美しくならなければ、言葉もよく聞こえない。だから、マイクロフォンやスピーカーを入れることになる。先にも述べたように、言葉というのは非常に複雑な音の変化をするから、言葉の受ける痛手というのは音楽の比ではない。

オルガンの場合はそのような良くない、形が崩れた建物の中でも、楽器を入れて、なんとか鳴らすことが出来るが、そういう建物の部屋では、スピーカーなしで話をすることが出来なくなってしまった。もちろん現代人の声を出す能力が劣っていることもあるが、建築家の責任も大きい。それは二〇〇〇年、あるいは四〇〇〇年ぐらいの人類の歴史の中で、この形にすれば、言葉が届くといういくつかの形が生まれてきているはずだが、そういう形に従わない限り、良質の響きを得ることは難しい。

現代の建築家は、おおむね音を生かすことを考えていない。現代の教会建築を見ると、その内装に吸音材などを使っていたりして、音がそれほど響かないような工夫がよく見られる。かえって、廊下に出たりすると廊下の方が何もしていないので、良く響いて良く聞こえるのではないかという笑い話がある。

学校などでも、一番響きの良くないのが音楽室で、廊下と階段が一番響きが良かったりする。それは、いわゆる音響材料というものが最近出てきたことと関係している。内装材として、特殊で高価な材料を使うことが良いことのような意識が人々の間にあるためである。

この音響材料は、音を吸収し、消す材料なのである。その材料は何のために出来たかと言うと、例えば、食堂などで人々が、皿やナイフをガチャガチャと音をたてながら食事をする、どこかでウェートレスが皿を落としてガチャーンと割る。そういう騒音や雑音等の不快な音を部屋の中で響きわたらせずに消してしまうためなのである。だから、吸音材というのは、音を目の仇にして、音という音をバッサバッサと切り殺そうとして造ったものと言える。

近頃では騒音がひどい工場とか高速道路のトンネルの内壁などに、吸音材が上手に使われている。吸音材を使うと、トンネルに入った途端にやかましい音がしない。静かに走れる。そういう場面では音はイコール騒音だから消さなければいけない。ところが講堂の中で、ある人が講義をしている時にこの音を消してしまったら、もうそこで話をする意味が無いし、音楽堂で誰かヴァイオリンを奏いている場合も、その音を吸収して消してしまえば、もうヴァイオリン・コンサートなんかやっても意味が無い。

生活の中には邪魔な音もあるが、聴きたい音もある。音楽堂や教会堂は、一〇〇パーセント音で勝負しているのである。牧師の説教があったり、ミサの音楽があったり、聖書の言葉があったり、お祈りがあったり、全部音である。そこに集まっている人にとっては騒音ではない。決して、邪魔な音ではない。その音を聴くために人々は集まる。そういう部屋では吸音材というのは、原則的には使ってはいけない。いや絶対使ってはいけない。

蚊や蠅がぶんぶんしている時には、我々は殺虫剤を撒いて殺す。人々が大勢集まって会議をしている所に、殺虫剤をぶちまける人はいない。そこにいる人を殺す必要はない。音を発しながら、音を聴きながら、何かをやっている所へ、吸音材いわゆる音響材料を使うということは人々の上に殺虫剤を撒くようなものと言える。

吸音材で壁を造ってある時に、それを固くして、音を反射させることは非常に難しいし、もし出来たとしても非常に費用がかかる。よく見受ける例は、建築家が、建物を視覚的に、あるいは、自分のアイディアで、三角な建物とか、奇妙な形の建物を造って、それから今度は、建築音響の担当者のところに持っていって、これで大丈夫かどうか、もし具合が悪ければどこに吸音材を使ったらいいか尋ねる。

これは、先程から述べているように、音は形が決めるという点からみると、この建築家は最初の出発点から完全に失敗していると思うのである。まず音が美しく響きわたって、人々に言葉が明瞭に伝わるような、豊かな響きの建物の形を決める。そこから始めなければいけない。そのようにして、設計が出来上がり、その材質も決まったところで、建築音響の人がそれを、音響学者の目からもう一度推敲するということはあってもいいと思うが、最初に音のことを考えて建てない限り、教会堂、講堂、コンサート・ホールも、良いものを造ることはできない。あとから建築音響の人の助力で、何とか我慢できるものは造れるかもしれない。何とか破綻を最小限に留めるということはできるかもしれないが、本当に良いものを造ろうと思ったら、良い形を選ぶところから始めたい。それについては、学問的にはまだ何にも出来ていないのではないか。そういうことを論じた音響学の本もなければ、建築の本もないと思う。建築家、あるいは、そういうものを建てる責任のある人は、響きの良い建物を実際に目で見て、そこの音を聴いて、その形のエッセンスを見きわめることが大事だと思う。

現代は混沌とした時代である。あらゆる情報が飛びかい、いろいろな価値観が並存する。その中で自らの進む指針を見失いがちになる。その現状を打ち破ろうとして奇妙な技法を取り入れたがるのだろう。

新しさを求める時

「新しい」ことを求める始まりは、現在続けている陳腐なことを惰性でやっていると感じ、これを打ち破ろうとすることだと思う。新しくても良い物なら人々はついていくだろう。なぜ現代があらゆる分野でこうまで伝統的なものが打ち消され、捨て去られようとしてきたのか。それは、十九世紀後半から二十世紀にかけて社会が変化していく時、今までになかった価値観が、どっと押し寄せてきたことに関係していると思う。科学や技術のめざましい発展、あるいは電気などいろいろなエネルギーの形態が劇的に変化を遂げてきた。新しくてしかも素晴らしいことが次々に起こったために、人々は全てのことに、この概念を取り入れていくという錯覚を起こしてしまった。しかし、これはたまたまその時代のその科学や技術の分野で良かったに過ぎないのである。ところが、芸術や人間の精神分野にまで「新しいことは良いことだ」という風潮を持ち込んで、伝統的なものを否定していった。そこからさまざまな愚かさが生まれたのである。建築の分野でも四角が古いから三角だ、三角がだめなら丸い物と変えていった。これは二十世紀の悲劇である。

しかし最近になって、人々は少しずつこの誤りに気付き始めている。新しい古いという概念と、良い悪いという概念は、それぞれ別の概念なのだ、新しい＝良い、古い＝悪いという図式はもうよそうと考え始めている。日本の邦楽界の人の言葉に「新しいものの中にも良いものはある」というのがある。

古いものは長い歴史の試練を経て残ってきているから「良い」ものが多い。しかし、新しいものは、玉石混交でその中からは、果たしてどれだけが「良い」ものとして残っていけるか分からない。本当の文化というのは、むしろこういうことだろう。古いものに、悪いものも良いものもあるし、新しいものに良いものも悪いものもある。大事なのは新しい、古いにとらわれずに、何が良くて、何が悪いかと見極めていく目を持つことではないだろうか。

建築のように長い時代の試練に耐えていけるものを造らなければならない分野は、目先の奇妙さ新しさのみにとらわれずに古い形を使っても、新鮮ないきいきとしたものを造らなければ本物ではないと思うのである。

メインテナンスの意味

オルガンは、何百年も前に造られた古いものが、今だに現存して使われているという事実をみると、非常に息の長い楽器だと思うが、今造る楽器であったとしても、やはり、長持ちさせるための方法というのがある。放ったらかしにしておいていいのではない。

教会や学校で、高価なオルガンを入れたから、高価ゆえになるべく弾かせないようにする、ということが最上の管理であるというような、誤まった考え方があるようである。良い状態で長く保つためには、オルガニストあるいは管理する側の人々が気を付けていかなければならない点がある。

まずオルガンは正しく造られていれば非常に長持ちする楽器である。一〇〇年、二〇〇年はもちろん三〇〇年、四〇〇年経った楽器が現在も使用されていることを見ても分かる。オーバーホールや部分的な修理は数十年に一度という割合で必要になるが、基本的には非常に長持ちする。

ただし、正しく造られていない楽器だったら五〇年くらいで、ほとんど修理不能なぐらいに壊れてしまう例もあるから、どんなオルガンでもというわけにはいかない。普通の意味における保守、メインテナンスは次の三つに分けられる。

一つは、調律である。二つは、鍵盤やストップを中心としたアクションの調整である。三つは、管理である。例えば、雨が降る日に窓を開けておかないとか、雨漏りがするような事態に至らせないというような初歩的な意味での管理である。

管理ということに関して言えば、木製の机やタンスのような物や漆塗りの食器は、それなりの管理を要求される。日なたに放り出しておいてはいけないとか、長いこと水の中につけておいてはいけないとか、極端に乱暴な取り扱いをしないということである。管理のもう一つの面は、使うということ。オルガンは風で鳴る楽器で、オルガンを演奏する時にはふいごの中に風が入って、それがオルガンのパイプに至る弁を備えた風箱の中を風が通って笛にいく仕組みなので、毎日数時間とか、少なくとも一週間に一回以上、満遍なく風が通るようオルガンが演奏されることが必要である。

家が空家になっているといたみが早いということは誰でも知っているが、それは風を通さないからである。同じようにオルガンもこの空家のような状態で全然風を入れないで鍵盤も動かさないで置いておくことは、良くない。なるべくオルガンを使った方が良い。誰もオルガンを弾ける人がいなかったら、モーターにスイッチを入れ風を入れて、鍵盤を左の一番低い音から高い音まで白鍵も黒鍵も満遍なく二、三回ずつ鳴らすだけでも良い。

オルガンはメカニカルな何百何千という部分が動くのだから、稀に故障や不具合が起きうる。一曲一〇分くらいのオルガン音楽を演奏すれば、何千回何万回か、キイが押されるわけだが、そういうことを何日も続けると、何十万回と押されるキイの中では、一度くらい、故障が起きるかもしれない。もしそのオルガンを非常に重要な演奏の時にだけ使うとすると、確率としてその何十万回に一回起こるかもしれないその故障は、その重要な時に起こりうることになる。それがもし、重要な演奏を一として、その一〇倍くらい、練習に使っているとすれば、何十万回に一回起こる故障というものが、演奏会でなく、練習中に起こる確率の方が一〇倍多くなる。

そういう意味でも、大事に大事にしておくより、しばしば使う方が故障も少ないし、またその故障が練習中に起こることで、大事な演奏会なり礼拝の時までにはきちんと再調整しておくことが可能になるわけである。

調律

オルガンの笛は二種類ある。一つは、フルー管であり、二つは、リード管である。

まずフルー管だが、フルートやリコーダーや尺八などと同じように、管に風があたることで、管の中の空気柱が振動を起こす。この笛では、固体が振動して空気に響くのではなくて、空気が空気によって直接振動を起こす。割合簡単な構造をしている。

それに対して、リード管と呼ばれている笛は、薄い真鍮の板が、空気がパイプに吹き込まれる所にあって、風が通っていく時に、その真鍮の板が振動を起こす、そして、管の中に吹き込まれる風に、断続の振動が起きて、それが管に共鳴していく構造になっている。

フルー・パイプについて言えば、空気柱の振動だから、空気の長さというか笛の長さが変わらなければ、笛のピッチは原則的に変わらない。その他ピッチを決める要素としては、温度の変化、風圧の変化、形態の変化、そして他の笛との共鳴などがあげられるが、気温の変化以外は通常無視できる。気温が変化すると、空気の密度が変化する。温度が上がると空気の密度が薄くなり、空気が軽くなる、軽い物体の方が早く振動しやすいということからピッチは上がるわけである(音速は温度により変化するという原理と同じ)。

気温が変化した時にピッチが変わるので、変わる割合は、笛の大きさに影響されないから、低音から高音の笛まで、同じ割合で変化する。温度が摂氏で一度強上がった時に、四四〇サイクルの笛が四四一サイクルに変わる。摂氏一度についてそのくらい、全部の笛が変化するから、結局オルガン自身は、音は狂ってこない。オルガンの笛相互には音は狂わないから、普通気温の変化による調律の仕直しということは起きない。

笛の長さの金属の伸び縮み、温度による伸び縮み、というのは非常にわずかで、実用上無視できる。経年変化も、普通問題になるほどは起きないので、金属の笛でもフルー・パイプに関しては、原則的には調律の必要はない。

ところが、リード管の方は、リードの薄い真鍮の小さな板の振動、振動部分の長さをワイヤー・スプリングで調整するようになっている。その主な理由は、リード・パイプのピッチが狂いやすいということと、もう一つは、フルー・パイプが気温によって、全部の音が上がったり下がったりするのに対して、リード管は、ほとんど気温の影響を受けない、あるいはわずかしか受けないために、リード管とフルー管との間で、ピッチのずれが起きてくるということである。リード管は比較的調律しやすく、しかも笛の数も少ない。

温度が変わった場合に、リード管を再調整することで、全体を再調整する。そのためにリード管はしばしば、あるいは毎日でも、調律した方が良い。

これも、オルガンの造り方やリード管の種類によっていろいろで、ある場合には、一年に一回か二回調律すればいいオルガンもあるし、演奏のつど、調律しなければいけないオルガンもある。特に、放送に使われるような場合には、毎回調律するというようなことが行なわれる。

しかし、フルー管も実際はリード管ほどではないが、狂うのである。ピッチがずれて鳴るのだが、これは多くの場合、笛が変化したのではないので、笛をもう一度調律してはいけない場合が多い。笛が変化したのではなくて、笛の歌口という重要な部分に、埃が積もったり、あるいは、ふいごから送られてくる風の中にある埃や煙などが、笛の通路にひっかかったりして、笛自身でなく、笛の外側に付着したもので、調律が狂ってくることがある。こういう場合は、正しくは、筆や刷毛などで、そっと埃を取って元に戻してやらなければいけない。すぐに笛の実質的な長さを変えてしまう調律の仕方をしてしまうことが多いが、調律師はその点は気をつけないといけない。

もう一つは、笛のピッチは原則的には、笛の長さで決まるのだが、非常にデリケートなところでは、笛の鳴らし方や笛にくる風の圧力や風の量によって、変化する。笛まで、風を導いてくる部分は、木製なので、温度の極端な変化などによって、木がふくらんだり、縮んだりする。湿度の高い季節に、木がふくらんだために、風が通りにくくなって、ある特定の笛に来る風の量が減ったりすることがある。そうすると、たいていの場合、音も少し弱くなり、ピッチがその分下がる。あるいはまた、乾燥しすぎて、あちらこちらに隙間が空くために、風がそこから逃げていってしまい、ピッチが下がるということもある。オルガンのふいごから、風が弁に来ていて、その弁が鍵盤によって開いたあと、そこから笛に行くまでの間で、設計や工作があまりうまくいっていない場合に、風の通路の変化が音の乱れになるほど大きくなると、調律が狂って聞こえてくる。

笛は何も狂っていないで、笛には何の責任もなく、別な部分に問題があるのだが、結果的には、笛のピッチが狂って聞こえるので、調律師が笛を切ったり、たたいたりして調律することが多い。しかし、これは原因を除くことにならないので正しい方法とは言えない。フルー管の調律にはよほど気をつけないといけない。オルガンが正しく、上手に造られていれば、そういうことは非常に少ないから、ほとんど調律をしなくてもよくなる。何百年ともったオルガンの中には、そこがうまく出来ていたために調律が狂わないから、頻繁に調律をする必要がなく、オルガンが非常に長もちしたということがある。朝や夕方、暖房を入れた直後など気温の変化の途上にある場合、音が一時的に狂うことがある。オルガンが上下に高く、しかも建物の断熱が不充分な場合に、そういうことが起きやすくなる。ヨーロッパの教会堂の場合、壁が厚い石で造られていて、窓が比較的少なく、天井と屋根とは二重構造になっている。そのような建物では、部屋の中の温度がゆっくり変化するので、高い所も低い所も、そう温度差が起きない。それでヨーロッパの建物の中で、背の高い、二〇メートル以上もあるような大きなオルガンでも、上の方と下の方で、ピッチがずれるということは比較的少ない。

断熱性の悪い建物の場合、暖房をしても、どんどん冷えていくので、温風暖房の場合などは、摂氏三〇度、四〇度というようなとても暑い空気を吹きこむことをする。早く暖房しようとすると、熱い空気は軽いから非常な早さで高い所へ登っていってしまう。すると上の方は、温度がすぐに高くなる。ところがその熱い空気も天井や壁に接触している部分では、断熱性が低いと、どんどん外側から冷やされて、摂氏五度、一〇度という冷たい空気になって、壁を伝わり、一気に下降してくる。いくら暖めても、下の方は非常に冷たいし、上の方は非常に熱い。

オルガンの高さが五、六メートルぐらいの小さい日本の教会や、一〇〇〇人未満のコンサート・ホールの比較的小型の建物の中でも、オルガンが上と下で温度が違うということが起きる。これは断熱材をたっぷり使った、隙間風が入らない建物を造らないと防げない。温度が摂氏二〇度以下になったら二〇度の空気を温風暖房として吹き込むようにすれば、上の方に二〇度の空気が上がってきて、それがそのままそこに留まり、次第に下の方まで二〇度になってきて、上も下も同じ温度になる。最近の建物の中には、そのように具合良く建てられた建物もできている。オルガンにとっても良いし、それ以上に人々にとって快適であろう。それがどうしてもできない場合、隙間風の吹き込むような礼拝堂にオルガンを入れる場合には、なるべくオルガンの笛を上下に離さないで、同一平面上に並べるような注意が必要になる。

オルガンを長もちさせ調律が狂わないようにするには、予想される気候の変化や、人工暖房などによる変化を考慮する必要がある。オルガンの木部、特に笛にいたる風の、何百何千という通路の造り方を工夫し、そこの材料の選択を上手にし、笛にいつも、同じ風が行くように造ることで、笛の調律が安定してくる。その部分が悪いと、笛自身が変わらなくても、始終ピッチが上がったり下がったりするので、笛を叩いたり、曲げたりして、年に何回も調律することになり、オルガンの笛が極めて早く傷《いた》んでしまう。

リード管の調律について言えば、楽器によって、またそれぞれのリード管の調整の仕方によって、摂氏二〇度で調律された場合に、その温度が二度ないし三度変わった時には、再調律しないと他の笛とピッチがずれてくる。真冬の暖かい日に、昼間、リード管を調律したオルガンを、夜寒くなってから弾くようなことがあると、今日調律したばかりなのに狂っている、ということもあるが、調律が下手だったからではなくて、たぶん次の日、調律した時と同じ時刻になると、同じくらいの温度に上がってくるので、調律も正しくなっているはずなのである。だから、リード管を調律する時には、使う状態とほぼ同じ温度の時に調律すると良い。教会の場合、日曜日の午前中の礼拝に使うことが多いのだから、日曜日でなくてもいいが、昼間のそういう時間に調律することが必要である。あるいはオルガニストが使う直前に自分でリード管を調律することが好ましい。

建物の断熱が良い場合には、例えば、春に一度調律すれば、夏の暑くなる頃まで、そのまま使えるが、壁の薄い建物の場合は、日によって温度が違うから、リード管は、自分でしばしば調律して使えれば良いが、そうでないとなかなか使いにくいことになる。

北ドイツの有名な作曲家ブクステフーデという人が、アルプ・シュニトガーの大型のオルガンを弾いていたが、そのオルガンを見にいった人が驚いた。大きなオルガンだから、リード管だけでも何十列もあるのだが、それがいつでも見事に調律されているのを聴いて、感心したのだということである。これは、オルガニストが、リード管の調整について勉強し、自分の楽器をいつも良い状態に保っていたからである。

優れたオルガニストは、昔は自分で楽器を調律していた。それを聞いた、勉強したての若いオルガニストが、一所懸命になる余り、充分技術が無いままリード管をいじくり回し、駄目にしてしまうことがある。あるいは、リード管を調律する時に、ついうっかりとか、あるいは知らず知らずに他の笛にぶつかったりして、傷めてしまうという例も、よくあるので、充分気をつけないといけない。

調律の状況

リード管は、オルガニストが調律する場合はあっても、フルー管に関しては、まずさわる必要はない。フルー管に関して言えば、余程造り方が悪い場合以外は、笛自身は狂わないはずである。音が狂って聞こえてくるのは、オルガンの他の部分が狂っているか、埃のようなものが笛に付着しているからである。

先程述べたように他の部分が木の伸び縮みで狂っている場合、それを直すことは非常に難しいものだから、やむをえず笛に手を加えることになる。しかし、それは笛からしてみれば、迷惑千万な話である。結果的に笛を傷めてしまうことが非常に多い。まして、そういう事情がよく分からない専門でない人は、フルー管にはさわらない方がいい。せいぜい非常に柔らかい筆で、歌口あたりの埃を、そっと取る程度である。笛の向きを変えるだけでピッチが変わることを知っていた方が良い。笛の回りの状態が変わると、ピッチが変わる。むしろ絶対にさわらない方が良いと言える。

フルー管というのは、パイプの外壁に仕切られた空気柱が振動するわけだが、パイプの上端と歌口の所は、外部に向かって開いているので、完全に仕切られていない。それで、周りの音の影響を受けて、笛の鳴っているピッチが、理論的にも実際にも多少変わるのである。

オルガンの造り方によって、その程度はいろいろだが、その笛を一本だけ鳴らして、例えば、Aの笛が四四〇サイクルで鳴っている時に、そのそばに四四一サイクルで強くなる笛があると、一本では四四〇サイクルで鳴る笛が、もう一つの笛と一緒に四四一サイクルで鳴るということもあるし、また、他の笛の影響を受けて、違う方向へピッチがずれるということもある。こういうことが起きている場合には、調律は非常に難しい。ある笛と鳴らす時には、あるピッチになり、他の笛と鳴らす時には別のピッチになっていると、両方を見極めた上で、その両方共が満足できるような、その中間に調律するという技術も必要になってくる。これは、オルガンの設計に関することである。そばにある笛の種類やピッチ、笛の位置にも関係してくる。

それゆえ調律をする場合、いろいろな条件、例えば笛が何サイクルで鳴るかがその笛だけでは決まらないとか、一つの笛が鳴っている時に、他の笛が鳴っているかどうか、どういうピッチの笛がどこで鳴っているか、というようなことも影響してくるので、フルー管の調律は非常に難しい。オルガニストが迂闊に手を出さない方が賢明である。

弦楽器、ピアノ、チェンバロ等の場合、弦を引っ張って、それをピンの摩擦を利用してもとに戻らないように保持しているわけで、それを弾いているうちに、弦が自分で戻ろうとする力で、ピンが回転したり、弦を造っている金属なり、ガットなりが、伸びてたるんできて張力が下がってくる。だから、そういう楽器は、しばしば調律しなければいけないし、調律して使うべきものである。

その点は、オルガンのリード管も、ややそれに近いものである。もちろん、張力というようなものはかかっていないが、構造的にピッチが変わりやすいから、しばしば調律して使うことは正しい。しかしフルー管については、張力をかけてピッチを保ち、音が鳴るようにしてあるというものではなくて、笛の材料が空気を仕切っていて鳴っているから、笛自身が原因となるピッチの変化はほとんどない。

新しい笛はメタルが顕微鏡的な意味でいくらか動くことがあるが、造られてから一〇年以上経った笛は、ほとんど動かない。数百年という長さで動かないのだから、こういう笛は、笛だけについて言えば狂わないものであるということを知っていてほしい。

アクションの調整

オルガンのふいごには、重《おも》りを乗せて、その重りの重力を利用して圧力を掛けているので、重りの質量が変化しない限り——普通変化しない石や鉛を使っているので——圧力が変わらない。現在では、スプリングを使う人もいるが、スプリングは、弱ってくることもあり、そうすると風圧が変わる。これは、ピッチに、非常に悪い影響がある。

ふいごから来た風が、笛にそのまま流れ込むのではなく、鍵盤の一つのキイに、一個ずつ弁がついていて、その弁はスプリングの力で閉じている。鍵盤を押すと、キイに連結したトラッカーで、この弁をスプリングの力に対して、引き下げる。そうすると風が笛に流れていく。鍵盤のキイの深さは、指の所で七—一〇ミリあり、弁が動く距離というのは、五—一〇ミリほどある。設計によって異なるが、少ない動きである。その弁の開き具合が、途中のトラッカーがたるんだりして少なすぎると、風が充分に流れ込まないので、その弁で鳴らされる笛のピッチが下がってくる。その辺の調整を、定期的にチェックする必要がある。

これは、楽器の大きさや置かれている場所の気候条件にも影響される。しっかりした建物であれば、ほとんど動かないが、風がよく吹きぬける所や湿度の変化の激しい、例えば森の中に建っている教会などの場合には、一年に一度か二度チェックをして、何十何百というトラッカーの中には、調整しなければならないものも出てくる。それは、楽器の置かれる場所、楽器の大きさ、建物や部屋の空気の管理の仕方によるが、そうかと言って、完全な空調をしなければいけないと考える必要はない。ピアノや立派な家具などでも、決して空調した部屋に置かなければいけないわけではなくて、乱暴な扱いをしなければいいのである。オルガンの場合も同じで、それぞれの置かれた環境に応じて、ある楽器は一年に一回調整をする必要があるし、ある楽器は一年に三、四回、定期的な調整をする必要のある場合もある。

特に大きなオルガンになると、アクションの数も非常に増えてくるから、不具合の出てくる確率も増えてくる。一段ないし二段鍵盤の小型のオルガンでは、数年に一回で充分な場合もある。オルガンを入れてからでなければ分からない面もあるが、概して、小さい楽器は、調整の必要が少ない。二段鍵盤以上の楽器では、一年に一回、定期的に専門家がチェックをして、必要なものがあったら調整をするということが望ましい。一段鍵盤のポジティフのような場合には、リード管を除いては、普通、五年に一遍で充分ではないかと思われる。

オルガンの管理について、昔一番問題だったのは、ネズミであった。ふいごの皮をネズミが噛じるということがしばしば起きた。大きい教会では、雀や鳩などの小鳥が教会の壊れた窓や玄関から入り込んできて、大きな笛の中へ落ちることがある。狭いところでは鳥は羽が広げられないから、飛べずに笛の中で死んでしまう。それで、ヨーロッパの大きなオルガンには、バロック時代までは、よく笛全体をおおうように正面に扉をつけた。

ネズミに関しては、いろいろ対策を講じたが、昔はうまくいかずとても困ったらしい。今の日本では、鳥が飛び込んで困るような大きな教会堂はあまりないから、その問題は無いし、ネズミの被害もほとんどない。一度、建物を修理するというので、小さいオルガンをしばらくの間倉庫に入れておき、建物の工事が終わって出してきたら音がしないことがあった。調べてみたら、ふいごの皮をネズミが食い破って、ふいごの中に住みついていた形跡があった。だから、この面からも、オルガンをよく使う必要がある。ネズミが住みついても、風が送られて、笛が鳴り出せば、驚いて逃げ出してしまうから何の害もないのである。

暖房と冷房

日本の教会の場合は、夏は暑く、冬は寒いために、冷暖房の問題は避けて通れない。

木は、温度の変化に対しては強いもので、零下二〇度くらいになっても、凍って割れたりすることはないし、四〇度、五〇度になっても、木にとっては大した温度ではないから、温度の変化は全然問題ではない。しかし湿度の変化は別である。木は、湿度の変化に対しては、反応する。

からからに乾いた日本の冬の太平洋側では、相対湿度が二〇パーセントくらいに下がることがある。乾いた木というのは、木の繊維の方向に直角に縮む。それから、梅雨時から夏にかけて、湿度が八〇パーセント以上になる。そのような湿度の所に、ある期間さらされた木は、中まで湿気を吸ってくるとふくらむ。だから、乾燥した時と湿度の高い時では、充分に乾燥した木であっても、木の大きさが変わるのである。

オルガン全体の湿度が、木の芯までゆっくりと変化して上がった場合には、もちろん目に見えないような分量だが、全体に木の幅の方に広がっていく。全体に乾燥すれば、少し縮んで、あちこちに少し隙間が空く、ということが起きる。

優れたオルガン造りなら、そのことを当然知っていて、そういう事態がおきた時にも、風が漏れたり、どこかがはぜたり、割れたりしないように、上手に木を組んで造るので問題は起きない。問題があるのは、非常に急激な変化があった時である。からからに乾いている日にいきなり、湯気をあてるような形で、急に湿度を与えると、オルガンを造っているいろいろな部分の木の、それぞれの外の表面だけが、ふくらみ、中はふくらまない。そうすると、木の中に異常なアンバランスが生じてきて、ひずんだり割れたりする。だから、湿度をなるべく急激に変化させない方がよい。ゆっくりした変化なら問題は少ないのである。問題になるのは、この場合、相対湿度である。密閉された室内で、温度だけを電熱器のようなもので上げると、相対湿度は下がる。そうすると、木の表面だけが急激に乾くようなことが起きる。

だから、温度を急激に変える時、例えば、暖房や冷房をする時には、そのことを念頭において、冷暖房器具の選定や、建築をする時の暖房装置の選択にいくらか注意を払う必要がある。しかしそれも決して、精密機械でも入れるように空調の完全なコントロールをしなければならないというのではなくて、そこに住んでいる人が気持ちの悪い状態であれば、楽器も傷むのである。

楽器にとって、良い状態、例えば、外の温度が〇度の時に、一八度までに礼拝堂を暖房しようと思ったら、三時間くらいかけて、礼拝堂全体が一八度になるようにする。その時、外の湿度が二〇パーセントだったら、暖房で一八度にすると湿度は五パーセントとか、〇パーセントになってしまうので、多少湯気を出すなりして、礼拝堂の湿度が三〇パーセントか四〇パーセントで留まるように少し柔らげてやる。そうすることにより、人も気持ちが良いし、楽器も気持ちが良いのである。おそらく、教会堂の家具、椅子だとか机なども、長持ちするだろう。そのようなことを知り心掛けた上で、取り扱いをすると良いと思うのである。

オルガンの構造

オルガンの音は風によって吹き鳴らされる笛によって得られる。鍵盤によって演奏されるのでピアノと類似の楽器と間違えられることもあるが、実は管楽器の複合体なのである。風はふいごによって送られ、その中にたくさんの弁のある風箱と、それを操作する鍵盤によって必要な笛に風が送られてその笛を鳴らす。

パイプ、笛……発音の源

一本の笛が音階の一音を受け持つので、四オクターヴの鍵盤であれば（C～c''' 12×4＋1＝49）、四九本のパイプが必要となる。低音の笛は太く長く、高音にいくにしたがい細く短くなる。笛の長さは一オクターヴ音が高くなるとちょうど二分の一になる。最初のC音の長さが二・四メートルであれば、四オクターヴ上のc'''音の長さは一五センチとなる（240×½×½×½×½＝15）。太さも、例えば一四〇ミリから二五ミリぐらいと次第に細くなる。このような笛の一組を「一列の笛」あるいは「ストップ」と呼び、音楽演奏可能な最小の単位となる。笛が一列だけでもオルガンとして成り立つが、音色や音量の変化のため通常二列以上一五列ぐらいの笛が一つの鍵盤に配置される。一〇列の笛があれば一〇×四九＝四九〇本の笛が必要となる。鍵盤が二段以上ある場合には、それぞれの鍵盤に独立して笛の列が配置されるので、笛の数はその数倍となり、数千本の笛のある楽器も珍しくない。

笛は発声の方法すなわち構造上の違いによって二種類に分けられる。第一のものは、風が笛に開けられた穴に当たって空気自身が振動を始めるもので、フルー管と呼ばれる（図2）。第二のものは風によって金属の薄い小片が振動し、その振動が共鳴管（パイプ）に共鳴するもので、リード管と呼ばれる（図3）。

フルー管の代表的なものは次のとおりである。

①プリンツィパル (Principal)、ダイアペイゾン (Diapason)

オルガンの音の基本となるもので、オルガンの正面に置かれる。最も古い種類の笛で、このストップ（パイプ列）だけで弾くと普通譜面どおりの音高で鳴る。オーケストラにおける弦楽器群のようにプリンツィパルはオルガン音の代表である。

②オクタヴ (Octave)、クイント (Quint)、スーパーオクタヴ (Superoctave)

プリンツィパルよりピッチの高いストップで、プリンツィパルよりそれぞれ一オクターヴ、一オクターヴと五度、二オクターヴ高い音で鳴る。笛の構造・形状はプリンツィパルと相似で、従って音色もほぼ同じである。単独で使われることもあるが（その場合譜面とピッチが異なるので演奏家は注意する必要がある）、普通プリンツィパルと同時に一つまたは二つ以上のストップを加えて使う。これらのストップはプリンツィパルの音に含まれる倍音と同じピッチなのでプリンツィパルの音と溶け合って、プリンツィパルの音色を明るく強いものにするのであって、それ自身のピッチが聴衆に意識されることはない。

③ミクスチャー (Mixtur)、シンベル (Cymbel)、セスクィアルテラ (Sesquialter)

これらも前項のストップと同じプリンツィパル族の笛によるもので、高いピッチの笛で出来ている。前項のストップと異なるのは鍵盤の一つのキイに対し二本ないし二〇本くらいの笛を持っていることである。それぞれの笛はプリンツィパルに対しユニゾンまたはクイント（五度）の音程の、高い倍音に合っている。各音に対し三本の笛があれば三列のストップ、二〇本あれば二〇列のスト

図2　フルー管

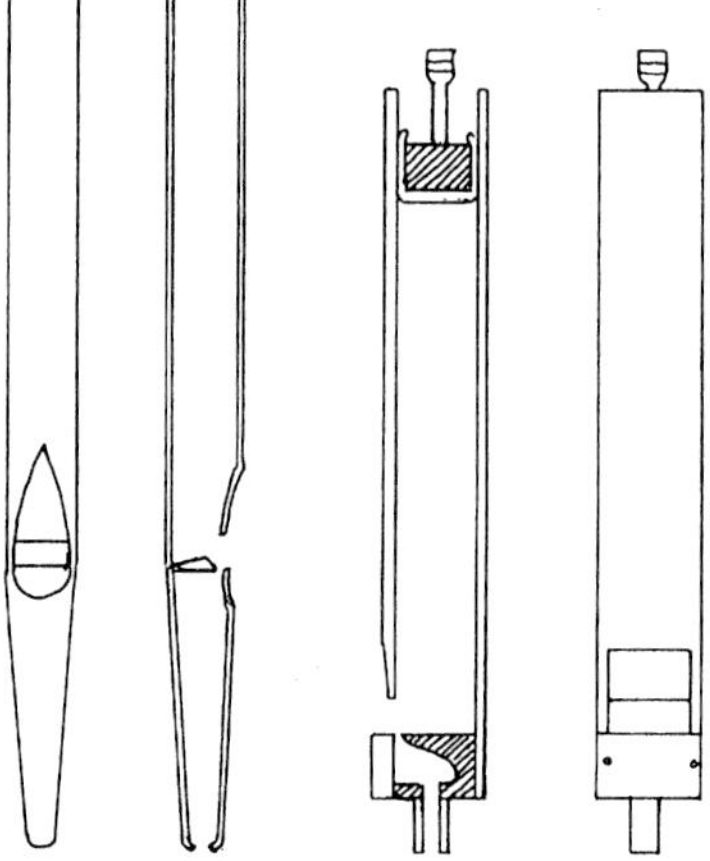

メタル・パイプ（閉管である）　木管（閉管である）

（注　メタルで閉管もあるし，木管で開管もある）

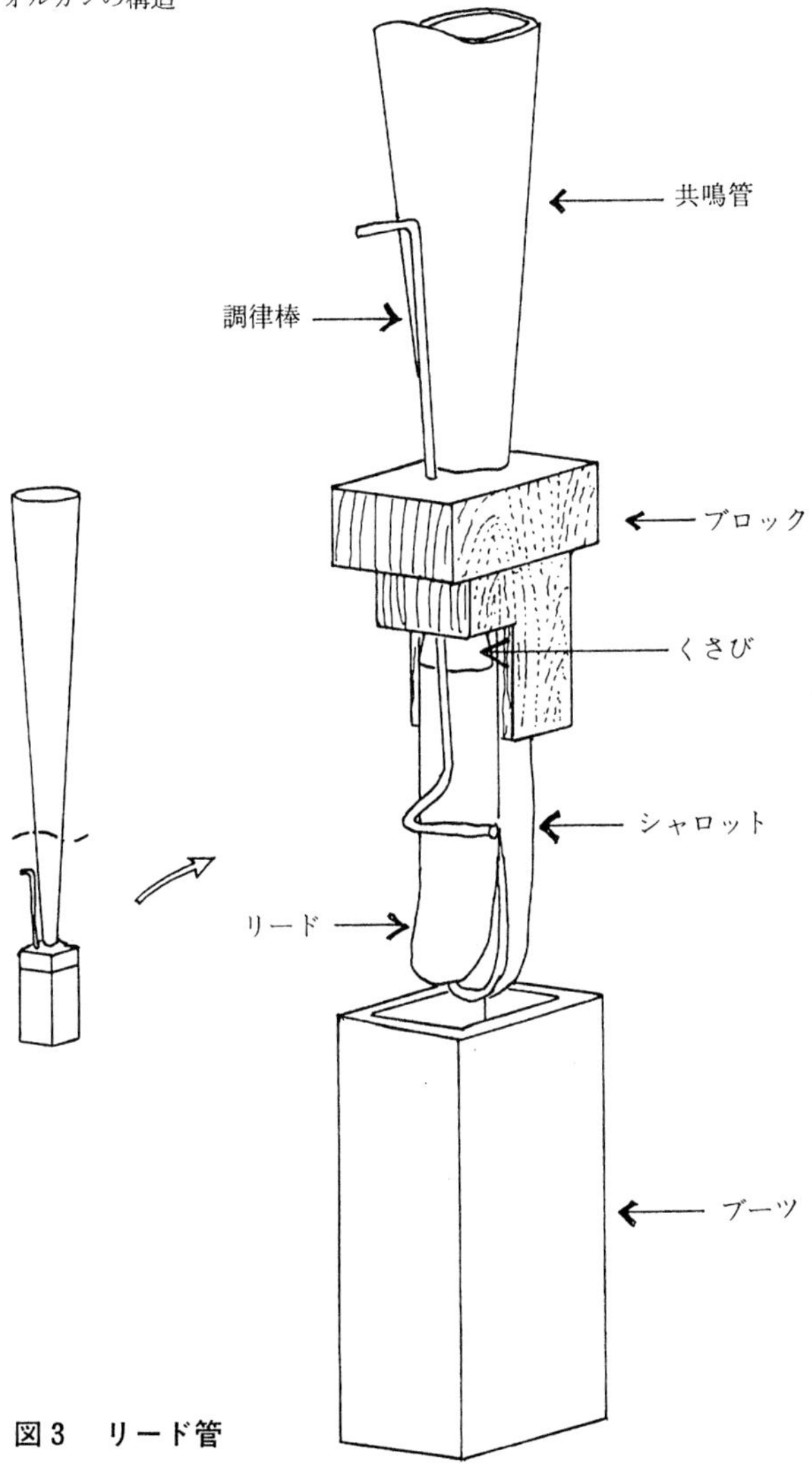
共鳴管
調律棒
ブロック
くさび
シャロット
リード
ブーツ

図3　リード管

図4　西南学院オルガン正面図（ドイツ型オルガン）

図５　西南学院オルガン断面図

（ペダルの笛は省略してある）

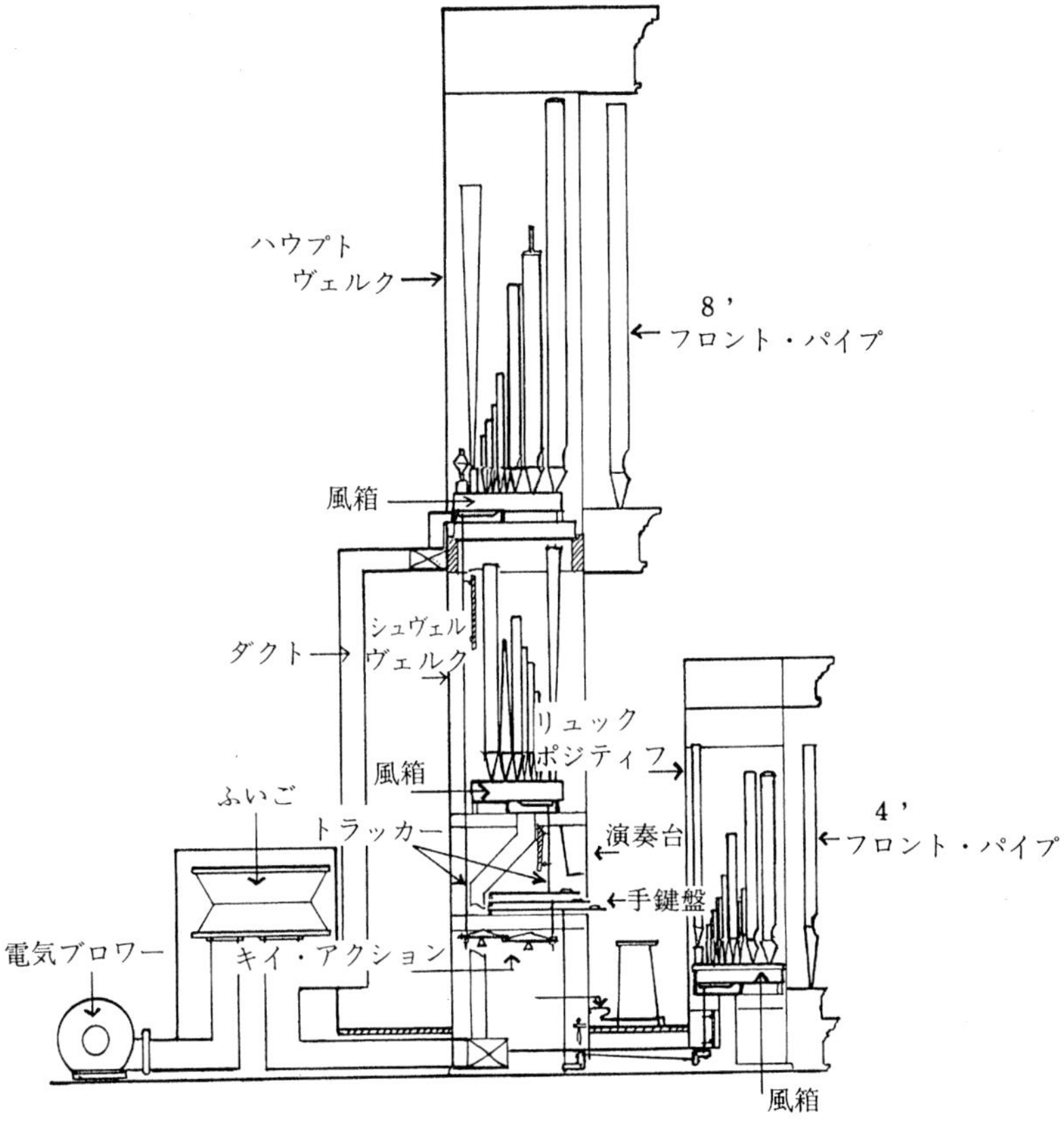

ップと呼ぶ。一つのストップで二列以上の笛を持っており、混合ストップとも呼ばれる。セスクィアルテラにはプリンツィパルに対し一七度（二オクターヴ＋長三度）のピッチの笛の列が含まれる。前項のストップがプリンツィパルの比較的低次の倍音を補強するのに対して、混合ストップは高次の倍音を幾つかまとめて補強する。

④プレヌム (Plenum)

プレヌムは単独のストップや笛の名称ではないが、プリンツィパル族の笛だけからなる合奏の名称であり、プリンツィパルより混合ストップまで全てのプリンツィパル族のストップを同時に使って演奏される（セスクィアルテラは三度管の特徴的な音色のために除かれることも多い）。プレヌムの響きは輝かしく力強いオルガンのフォルテッシモであって、大きな音であるが耳に心地良い美しい音でなければならない。ヨーロッパ中世のオルガンはそのようなプレヌムの音のみによる楽器であった。オルガンが純正五度によるピタゴラス調律（中世のオルガン）により調律されている時、あるいは純正三度によるミーントーン調律（ルネッサンス・オルガン）のときプレヌムは最も安定した美しい響きとなる。それはプレヌムのとき一つのキイに属する数十本の笛が完全に協和して鳴ると同時に、ドとソまたはドとミというような音程も完全なハーモニーとして協和して鳴るからである。しかし等分平均率によるオルガンでは、五度音程も三度音程も平均化のため狂わされているので、プレヌムによって鳴らされる多数の笛の音が互いに不協和なので（ピッチが狂っているので）激しいうなりを伴い緊張した響きとなる。ときには耐え難い不快感を与えることすら起こる。現代の優れたオルガン建造家たちが等分平均律を止めて、十八世紀の調律法の再発見とその発展に努めているのはこの理由による。バロック時代に愛好されたこの調律法の特質は、五度を重視したピタゴラス調律と、三度を重視したミーントーン調律の巧妙な組合わせにより両方の性格を併せ持つと同時に、それまで不可能だった二四の調全部を使用出来るようにしたことである。J・S・バッハの Das Wohltemperierten Klaviers という曲集は「平均律ピアノ」ではなくて、このような「巧妙に調律された鍵盤楽器のための」曲集なのである。

⑤ゲダクト (Gedackt)、ストップト・ダイアペイゾン (Stopped Diapason)

笛の頭部を閉鎖した管で、そのためにプリンツィパルの半分の長さでプリンツィパルと同じピッチが得られる。

その音色は深く太い。

⑥フルート（Floete, Flute）

リコーダー、フルート等の管楽器の音色をオルガンに導入するためルネッサンス以後いろいろな種類が発明された。プリンツィパル族の笛に比べ太い場合が多く、笛の形も円筒形のほか上の方が細くなる円錐形のものなどがある。

リード管にはリード音の基音または低次の倍音に共鳴する「長い共鳴管」のものと、高次の倍音を強調する「短い共鳴管」の二種類がある。

①長い共鳴管――トランペット（Trompete）、ポザウネ（Posaune）、トロンボーン（Trombone）、オーボエ（Oboe）それぞれの楽器の音色のオルガンへの応用。

②短い共鳴管――各種のレガール（Regal）

レガールは元来ルネッサンス時代の鍵盤楽器の一種で、小型で持ち運びができる。発音体は極端に短い共鳴管を持ったリード管であって、オルガンの一種とも見ることができる。オルガンのレガールはこの楽器の笛をオルガンにそのまま組み込んだもの。

風箱……笛を吹奏する装置

風箱は木で作られたテーブル状の箱である。その最前列にプリンツィパルの笛が左右に並びフロント・パイプとしてオルガンの顔を形造る。その後ろにはオクタヴ、クイント、スーパーオクタヴ、ミクスチャーなどの笛が整然と並ぶ。これらの笛はプリンツィパルのそれぞれ½・⅓・¼……の大きさなので、外からは見えない。したがって風箱の上には左右の方向に何列かの笛（ストップ）が並んでおり、前後の方向には一つのキイに属する全部のストップの笛が、プリンツィパルの笛を先頭に順序よく並んでいる。

風箱の下部は広い空気室になっていて、ふいごからの風の圧力を常に受けている。その上部には鍵盤の各々のキイに対応した小部屋があり、鍵盤を押すことによって弁（パレット Pallet）が開き空気室から風が入る。小部屋の上部は各ストップごとに小さい丸い穴があり、それぞれの笛に風が送られる。これらの小部屋は風箱の前後の方向にのびる細長い空間で、トーン・チャンネルと呼ばれる。中世のブロックヴェルクと呼ばれる風箱はこのような構造で、パレットが開くとそのキイの全ての笛、プリンツィパルからミクスチャーまでの全部の列の笛が鳴った。

常に力強く鳴り響く中世のブロックヴェルク・オルガンは荘厳なものであったと思われるが、その後、音量に変化を持たせるために笛の列を任意に減少させる装置が発明された。音を止める装置でストップあるいはレジスターと呼ばれる。風箱の上部でパイプ列の真下に、各パイプ列毎に、スライダー（幅の狭い薄い木の板）がある。このスライダーには各笛ごとに丸い小さな穴があり、トーン・チャンネルからの風をパイプへ導く。スライダーは風箱の上で左右いっぱいの長さがあり、これを僅かにスライドさせるとパイプの足下の穴がずれて、その列のパイプには風が行かなくなる。このスライダーを操作する取っ手が鍵盤の近くにあり、これもストップと呼ばれる。各ストップのパイプ列を開閉するのでそう呼ばれる。この形の風箱はスライダー・チェストと呼ばれ、現在でも同じ構造が使われている。異なった構造の風箱も試みられたが、特に十九世紀後半以後違う構造の風箱がいろいろ発明されたが、信頼性・音の美しさ・演奏者のタッチによる笛の発声のコントロールの可能性など全ての面でスライダー・チェストの優位性は変わらない。スライダー・チェストと同じ長い歴史のあるスプリング・チェストはもう一つの優れた構造の風箱でイタリアで多く製作された。

鍵盤とトラッカー……風箱をあやつり笛の発声をコントロールする装置

鍵盤の各キイはその一番奥に支点があり、中程の所がトラッカーによって吊り上げられている。トラッカーは普通断面が二×一〇ミリくらいの木の細長い棒で、上端が風箱のパレット（弁）につながっている。パレットはスプリングによって押し上げられて閉じているのでキイは引き上げられ吊り下がった状態にある。キイを押すとトラッカーに引かれてパレットが開く、指の力を抜くとパレット・スプリングがパレットを押し上げて閉じ、同時にそれにつながったトラッカーがキイを引き上げる。

このような単純な構造なので、上手に造られたオルガンではキイの動きとパレットの動きは完全に同一であり、演奏者はキイを操作することでパレットを完全にコントロールし、笛へ息を吹き込む具合と、息の止めかたとを微妙にコントロールすることが出来るし、そのように演奏出来るように練習しなければならない。オルガンが大きくなるとパレットの位置は必ずしも各キイの真上にはないので、トラッカーの途中にいろいろなてこが組み込まれるが、それらは良くバランスを保ってしかも摩擦がないように造られる。そうすれば大型のオルガンであっても小型のオルガンと同じように良いアクションを造ることができる。

ふいご……息をする所・オルガンの肺

オルガン建造の歴史は、安定した風を得るための努力の歴史でもあった。中世の大オルガンでは大勢のふいご人夫が足でふいごを押してオルガンに風を吹き込んでいた（Michael Praetorius: Syntagma Musicum II, Halberstadt organ 挿絵参照）。この方法では力の掛け方により風の圧力に変動が起き、オルガンの音にある程度の不安定さを与えたと思われる。バロック時代になると重《おも》りを利用するふいごが使われるようになり、ふいご人夫は今までのように自分の力で直接風をオルガンに吹き込むのではなく、てこやロープを使ってふいごの上部板を引き上げることで、ふいごに空気を吸い込ませ、人夫が手を離すとふいごに乗せてある石などの重さでふいごに圧力が掛かり風が押し出される。石の重さが一定であるから風の圧力も一定となる。ふいごは二枚の厚い木の板で造られる。板の幅約一・五メートル、長さ約二メートルで、一つの短い辺で二枚の板は紐と革を使って蝶番のように綴じてあり、他の三辺は薄い木の板と革によって風が漏れないようにしかも自由にふいごが開閉できるように綴じてある。風はふいごの底板にある穴から木製の送風管により風箱へ導かれる。オルガンが弾き始められる時まずふいごに風が吸い込まれ、その圧力が風箱にも掛かるが風はまだ動かない。ストップが引き出され、キイが押されると風箱下部の空気室からトーン・チャンネルを通って風が笛に吹き込まれ、空気室の圧力は一瞬僅か低下するがふいごからすぐ風が流れ圧力は元へ戻る。キイが押されている間風は一様に流れ続け、一定の圧力で笛は歌い続ける。キイが離されパレットが閉じると、空気室の風の流れは停止する。しかし送風管の中の空気はそ

足でふいごを押すふいご人夫

れ自身の重量による慣性で風箱への流れを一瞬持続し、それによってパレットに掛かる風圧も一瞬上昇する。このような瞬間のしかも僅かの風圧変化が、笛の鳴り方に微妙な陰影を与える。ふいごの大きさ・送風管の太さ長さ・風箱内部の設計が非常に上手になされている場合、演奏者のタッチの上手さとあいまって、笛の発音に人が息で吹いたときのような抑揚を与えることが可能となる。

現代のオルガンではふいご人夫を置くことはせずに、電動送風機によってふいごに風を送るのが普通である。これは人件費、便利さにおいて優れているが、オルガンの音質をより良くする効果はない。

口絵オルガン説明

西南学院大学（ドイツ・バロック様式，3段手鍵盤・33ストップ）

HAUPTWERK	C–a'''	58 keys
1	Quintadena	16'
2	Praestant	8'
3	Rohrfloete	8'
4	Unda maris (c)	8'
5	Octave	4'
6	Octave	2'
7	Mixtur	III–V
8	Cornet (c')	IV
9	Trompete	8'
10	Vox humana	8'

RUECKPOSITIV	C–a'''	58 keys
1	Gedackt	8'
2	Quintadena	8'
3	Praestant	4'
4	Rohrfloete	4'
5	Octave	2'
6	Siffloete	1 ½'
7	Sesquialter	II
8	Scharf	III–V
9	Dulcian	16'

SCHWELLWERK	C–a'''	58 keys
1	Gedackt	8'
2	Viola da Gamba	8'
3	Spitzfloete	4'
4	Quint	3'
5	Waldfloete	2'
6	Mixtur	III–IV
7	Trompete	8'

PEDAL	C–f'	30 keys
1	Praestant	16'
2	Octave	8'
3	Octave	4'
4	Mixtur	IV
5	Posaune	16'
6	Trompete	8'
7	Trompete	4'

岐阜県美術館（イタリア・バロック様式，手鍵盤45鍵，足鍵盤8鍵）

Principale	8'
Ottava	4'
Decimaquinta	2'
Decimanona	1 ⅓'
Ripieno	1 +⅔'
Voce humana	8'
Cornetto	2列
Flauto in ottava	4'
Tremolo	
Contrabassi	16'

あとがき

オルガンへの関心が高まりつつある。音楽大学のオルガン専攻学生の増加、公共ホールの大型オルガン設置の流行にそれは顕著に見られる。オルガン愛好家の一人として、永く待ち望んだ歓迎すべき傾向ではあるが、一方そこには手放しで喜べない面も見られる。

オルガンは寿命の長い楽器で、百年ないし数百年使用されるのが普通である。一台のオルガンを設置するということは、この先数世代の人々にオルガンを提供することであり、同時にその人々の接するオルガンを限定することでもある。教会のオルガンの場合には将来の礼拝、伝道活動に役立つべきものであるが、極端に独奏楽器的性格を持った一部の現代オルガンの音は、会衆の歌を支えるのでなく、むしろ萎縮させるのである。

寿命が長く、しかも高価な楽器であるため、一度設置されると容易なことでは取り替えることができない。故障が多いというような初歩的問題のある場合は別として（そのようなオルガンは滅多にないが）、音色に問題がある場合にその改善はほとんど不可能である。他の楽器、例えばヴァイオリンやフルートでは音色が充分美しくなければ、それを売り払ってより優れた楽器を手に入れようとする。それは楽器の良し悪しは、個々の楽器の品質によるのであり、品質は製作者の芸術性と職人としての腕によるからである。ヴァイオリンの場合には買い替えることは容易であり、二台三台と所有することもできる。しかしオルガンは大きくて高価なこともあるが、個々のオルガンがその設置場所に合わせて設計・製作されるために、取り壊さなければ買い替えることは難しい。したがって一度悪いオルガンが設置されると後々までその弊害が残り、ひいてはオルガンへの人々の無関心を引き起こすのである。

オルガンの数が爆発的に増加しつつある今こそ、「良いオルガンとは?」という問いに真面目に取り組まなければならない。何千万円、何億円という公共ホールのオルガンが次々に設置されているが、そこでは当然「良いオルガン」が選択されていると人々は思うであろう。確かに関係者の中には「良いオルガン」に見識を持った方もおられる。しかしそれと同時に、「市長の在任中に」とか、「納期が早いこと」とか、「よその公共ホールと同じオルガンを」とか、「輸入元が大商社だから」とか「ドイツ製だから」といった「良いオルガン」の選択とは無関係な要件が優先されることが余りに多すぎるのが実状である。

「良いオルガン」の尺度は全く個人の主観によるところが大きい。オルガン愛好家とオルガニストが「良いオルガン」、「美しい音」についてはっきりした意見を持つこと、また音の美しさにおいて劣ったオルガンが設置された時は、特にそれが公共の(コンサート・ホール、教会等)楽器である場合は、それを積極的に指摘する勇気を持つことが求められる。あるオルガンが「良い」と言うとき、あるいは逆にそのオルガンがかくかくしかじかの点において不充分な楽器であると発言するとき、それが「美しさ」に関わる場合には、発言者は自身の感性に基づいて発言し、その発言の責任は自分で負わねばならない。オルガニストは、そしてオルガン愛好家も、磨かれた感性によって大胆に発言することで我が国のオルガン文化の発展の道筋を整えることに力を貸していただきたい。そのように願ってこの本を記した訳である。

オルガンを造ることは好きでも、ものを書くことの苦手な私を励まし、私の話をテープから書き起し編集してくれた大島邦夫君、日本キリスト教団出版局の方々、そして木崎みち子さん、妻辻紀子の名前を記して、私の感謝の気持ちを表したい。

一九八八年五月一〇日　美濃・白川町黒川にて

辻　宏

辻《つじ》　宏《ひろし》

1933年，東京に生まれる。

1958年，東京芸術大学卒業。

1960－63年，アメリカやオランダのオルガン建造会社に勤務。

1964年，辻オルガン建造所を神奈川県座間市に設立，1976年，名称を辻オルガンに変更，岐阜県白川町に移転し現在に至る。

風の歌――パイプ・オルガンと私

1988年12月1日　初版発行
1993年5月25日　3版発行

著者　辻　宏

発行所　日本基督教団出版局
〒169 東京都新宿区西早稲田2丁目3の18
振替東京8－145610 電話 03(3204)0421(代)

印刷　松濤印刷　カバー印刷　伊坂美術印刷　製本　市村製本所

辻《つじ》　宏《ひろし》
1933年、東京に生まれる。
1958年、東京芸術大学卒業。
1960-63年、アメリカやオランダのオルガン建造会社に勤務。
1964年、辻オルガン建造所を神奈川県座間市に設立。
1976年、名称を辻オルガンに変更。岐阜県白川町に移転して現在に至る。

風の歌　パイプ・オルガンと私（オンデマンド版）

2005年6月1日　発行

著　者　辻　宏
発行所　日本キリスト教団出版局
169-0051　東京都新宿区西早稲田2丁目3の18
電話・営業　03（3204）0422，編集　03（3204）0424
振替 00180-0-145610
印刷・製本　株式会社　デジタル パブリッシング サービス
162-0812　東京都新宿区五軒町11-13
電話03（5225）6061，FAX03（3266）9639

ISBN4-8184-5036-7　C1016　日キ販
AC602
Printed in Japan